Standard Deutsch 7

Das systematische Lernbuch

Arbeitsheft *Plus*

Erarbeitet von

Annette Brosi
Toka-Lena Rusnok
Bettina Tolle

Inhaltsverzeichnis

Zu literarischen Texten schreiben

Literarische Texte zusammenfassen	4
Eine Zusammenfassung schreiben	7
Teste dich selbst! Einen literarischen Text zusammenfassen	8

Berichten

Die Sprache im Bericht untersuchen	10
Einen Bericht verfassen	12
Teste dich selbst! Einen Bericht verfassen	14

Schriftlich Stellung nehmen

Eine Argumentationskette entwickeln	15
Den Hauptteil schreiben	18
Einleitung und Schluss schreiben	19
Teste dich selbst! Schriftlich Stellung nehmen	20

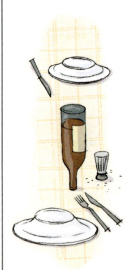

Sachtexte lesen und verstehen

Sachtexte erschließen	21
Tabellen erschließen	25
Teste dich selbst! Sachtexte und Diagramme erschließen	26

Literarische Texte lesen

Eine Ballade verstehen	28
Die Sprache einer Ballade untersuchen	30
Teste dich selbst! Merkmale einer Ballade untersuchen	31

Nachdenken über Sprache

Nomen und Pronomen verwenden	32
Adjektive verwenden	33
Mit Verben Zeitformen bilden	34
Aktiv und Passiv verwenden	35
Teste dich selbst! Wortarten/Aktiv und Passiv verwenden	37
Satzglieder bestimmen	38
Adverbiale Bestimmungen verwenden	39

Teste dich selbst! Satzglieder bestimmen	41
Sätze verbinden	42
Relativsätze verwenden	44
Teste dich selbst! Sätze verbinden / Relativsätze verwenden	45

Richtig schreiben

Wörter mit langen Vokalen richtig schreiben	46
Wörter mit kurzen Vokalen richtig schreiben	48
s-Laute richtig schreiben	49
Teste dich selbst! Wörter genau aussprechen und richtig schreiben	50
Den Wortaufbau als Rechtschreibhilfe nutzen	51
Suffixe für Nomen verwenden	52
Suffixe für Adjektive verwenden	53
Teste dich selbst! Wortbausteine erkennen	54
Getrennt- und Zusammenschreibung	55
Teste dich selbst! Getrennt oder zusammen?	57
Nomen großschreiben	58
Nominalisierungen großschreiben	60
Zeitangaben schreiben – groß oder klein?	61
Teste dich selbst! Groß oder klein?	62
Kommas in Aufzählungen und Satzreihen	63
Das Komma in Satzgefügen	64
Das Komma in Relativsätzen	65
Teste dich selbst! Mit Komma oder ohne?	66
dass-Sätze bilden	67
Teste dich selbst! dass-Sätze bilden	69
Wörter ableiten	70
Wörter verlängern	71
Nomen erkennen	72
Teste dich selbst! Rechtschreibstrategien	73

Teste dein Wissen! Lernstandstest   74

Literarische Texte zusammenfassen

Das Textverständnis sichern
- Notiere deinen ersten **Leseeindruck** und **Fragen** zum Text.
- Unterstreiche und kläre **unbekannte Wörter**. Schreibe Notizen an den Rand.
- Beantworte **W-Fragen**: Wo spielt die Geschichte (Ort)? Wer ist wichtig (Hauptfiguren)? Worum geht es (Thema)?
- Teile den Text in **Abschnitte** ein.
- Untersuche das **Verhalten der Figuren**: Wie und warum handeln sie so?

1 a) Lies die Überschrift und den ersten Teil der folgenden Erzählung.

1. Abschnitt

Flucht eines Mannes in die Berge

verbrezelt:

2. Abschnitt

Störung des Mannes durch Neugierige

Reinhold Ziegler
Der Mann auf dem Berg

Auf einem sehr hohen Berg stand eine kleine Hütte. In diese Hütte zog ein Mann, der von Lärm und Stadt und Autos und Menschen die Nase voll hatte und nur noch alleine sein wollte. Er setzte sich im Yogasitz vor die Hütte, schaute nach Osten und
5 dachte an nichts. Er hatte noch keine siebeneinhalb Minuten dort gesessen, als ein fremder Mensch sich neben ihn stellte.
„He, du mit deinen verbrezelten Beinen, was machst du hier oben?", fragte der. „Ich blicke nach Osten", antwortete der Mann. „Ah! Und sonst? Wovon lebst du?" „Von Luft und Sonne", sagte
10 der Mann auf dem Berg, weil er hoffte, der andere würde nach einer solchen Antwort endlich aufhören zu fragen.
„Super! Wahnsinn!", rief der andere aber, zog ein Handy hervor und rief seine Kumpels an. „He, Leute, das müsst ihr sehen. Hier oben hockt einer mit Brezelbeinen, schaut nach Osten und lebt
15 von nix!", schrie er.
Kurz darauf kamen ein Dutzend Männer und Frauen hochgeklettert. Sie stellten sich um den Mann auf dem Berg und fragten ihm ein, zwei Löcher in den Bauch. Der Mann antwortete nichts, nach einer Weile, als es ihm zu viel wurde, sagte er leise: „Psst!"
20 „Psst!", riefen sich jetzt die Leute zu. „Seid doch mal ruhig, der braucht doch seine Ruhe!" Sie setzten sich im Kreis um den Mann auf dem Berg, versuchten, ihre Beine zu verbrezeln und schwiegen ein paar Minuten.

b) Notiere deinen ersten Leseeindruck in dein Heft.

c) Beantworte die folgenden Fragen:

Wo spielt die Geschichte? *Auf einem Berg*

Welche Figuren kommen vor? *Mann, Leute, Fremder*

Worum geht es (bis jetzt)? *Darum, dass sich ein Mann auf einen Berg entspannen will, aber es nicht kann, weil ihn immer wieder Leute stören.*

4

d) Notiere weitere Fragen zum Text in dein Heft.

e) Schreibe in die Randspalte, was mit dem Wort „verbrezelt" (Zeile 7) gemeint ist.

2 a) Lies die Erzählung bis zum Ende.

Dann fing einer an, in seinem Rucksack nach etwas zu suchen.
25 „Luft und Sonne, echt Wahnsinn, ich pack das nicht", sagte er, holte eine Flasche Bier und zwei Fischbrötchen heraus und fing an zu essen. Weil es immer Hunger macht, wenn einer anfängt, wühlten sie jetzt alle in ihren Rucksäcken herum, bis zwischen ihnen und rund um den Mann auf dem Berg eine Flasche Bier,
30 zwei Fischbrötchen, sieben Müsliriegel, vier Dosen Energydrink, eine Tafel Nougatschokolade, ein kaltes Kotelett, zwei McDonalds Big Mäc, ein Sixpack Cola light, fünf halbe Hähnchen, sieben zuckerfreie Kaubonbons und dreizehn hart gekochte Eier lagen. „Greif doch zu!", sagten sie zu dem Mann.
35 „Das ist es nicht, was ich brauche", sagte der Mann auf dem Berg langsam und verzweifelt. Am Nachmittag wurden die Bergsteiger vom Nach-Osten-Schauen müde. „Also servus, war echt spitze!", riefen sie und verschwanden. Der Mann auf dem Berg atmete tief durch.
40 Doch tauchte nach einer Weile ein Hubschrauber mit der Aufschrift TV-NEWS auf. Heraus kletterten ein Kameramann, ein Tonmann und ein Mikrofonmann. Sie fragten ihn kurz, wer er sei, ob er tatsächlich von Luft und Sonne lebe, ob er zu ihrer nächsten Talkshow käme und bei welcher Bank er sein Konto
45 habe, damit sie ihm das Honorar überweisen könnten. Der Mann auf dem Berg wartete, bis sie alles gefragt und sich selber die richtigen Antworten gegeben hatten, dann schaute er dem Hubschrauber nach, wie er verschwand.
Am nächsten Morgen wurde er von lautem Hämmern geweckt.
50 Ein Stück unterhalb hatten Männer begonnen, eine zweite Hütte zu bauen. Sie nagelten gerade ein Schild „Zum Mann auf dem Berg" über die Tür. Dort verkauften sie Videos, Fotos und Kassetten von ihm, gaben Kurse in Beine-Verbrezeln und ermahnten jeden der täglich tausend Besucher, ruhig zu sein,
55 um den Mann auf dem Berg nicht zu stören.
Der aber hatte genug. Er packte seine Siebensachen zusammen, stieg ab ins Tal und suchte sich in der Stadt eine Wohnung. Er kaufte sich einen Farbfernseher, einen Ledersessel, einen Kühlschrank, einen Computer, einen
60 Gameboy, ein Faxgerät und ein Telefon. Der Fernseher lief den ganzen Tag, doch das Telefon klingelte nie. Kein Mensch kam ihn besuchen, wollte mit ihm reden oder etwas von ihm wissen. Er setzte sich mit verbrezelten Beinen auf seinen Ledersessel und war so allein, dass er fast verrückt wurde.

3. Abschnitt

Leute kramen nach Essen, und fragen ihn ob es was to abhalten will.

4. Abschnitt

Hubschrauber will TV Sendung mit dem Mann

5. Abschnitt

Leute armen ihm nach.

6. Abschnitt

Er hatte seine Ruhe, aber war fast verrückt davon

b) Bestimme das Thema der Erzählung. Welche Sätze treffen den Inhalt am besten? Kreuze an.

In der Erzählung „Der Mann auf dem Berg" von Reinhold Ziegler geht es ...

☒ um das Problem des Menschen in der heutigen Welt, Ruhe zu finden.

☐ um viele Leute, die auf einem Berg sind und die Sonne genießen.

☒ um einen Mann, der nur so lange von Interesse ist, wie er etwas Besonderes zu sein scheint.

☒ um einen Mann, der auf einen Berg steigt, um Ruhe zu finden, doch durch lärmende Neugierige gestört und schließlich vertrieben wird.

☐ um mehrere Männer und ein TV-Team, die sich auf einem Berg treffen.

> **❗ Aus der Sicht einer literarischen Figur schreiben**
>
> Um einen Text besser zu verstehen, versetze dich **in eine Figur** hinein und überlege, was sie **denken** und **fühlen** könnte.
> - Formuliere in der **Ich-Form**.
> - Beachte: Deine Aussagen dürfen **nicht im Widerspruch zum Text** stehen.
> - Schreibe so, dass es für andere **verständlich** und **nachvollziehbar** ist.

3 Überlege, wie sich der „Mann auf dem Berg" fühlt, ehe er gestört wird. Kreuze diejenigen Aussagen an, die deiner Meinung nach zutreffend sind.

☐ Ich fange schon jetzt an, mein Stadtleben zu vermissen.

☒ Ich möchte für immer hierbleiben und über das Leben nachdenken.

☐ Schon ganz schön einsam hier oben. Was werde ich den ganzen Tag machen?

☒ Endlich weg von Lärm und Schmutz der Stadt fühle ich mich leicht und frei.

☒ Ein wenig fürchte ich mich in der Einsamkeit, muss ich zugeben.

☐ Ja, es war die richtige Entscheidung, alles hinter mir zu lassen.

☐ Meine Beine tun jetzt schon weh.

4 „Das ist es nicht, was ich brauche", sagt der Mann auf dem Berg in Zeile 35. Schreibe aus der Sicht des Mannes einen Brief, in dem er seiner Schwester von seinen bisherigen Erlebnissen auf dem Berg berichtet.

a) Plane den Inhalt des Briefes. Überlege dir, wann und in welcher Situation er den Brief schreibt. Notiere hierfür in deinem Heft Stichwörter zu folgenden Fragen:

- Welche Ereignisse sollen im Brief erwähnt werden?
- Was denkt und fühlt der Mann wohl in den verschiedenen Situationen?
- Wonach hat er auf dem Berg eigentlich gesucht?
- Was stört ihn nun auf dem Berg?

b) Verfasse nun einen Brief aus der Sicht des Mannes auf der Grundlage deiner Notizen.

Eine Zusammenfassung schreiben

Die Textzusammenfassung schreiben

- Teile den Text in **Abschnitte** ein. Schreibe am Rand geeignete Überschriften auf.
- Notiere zu jedem Abschnitt die **wichtigsten Handlungsschritte** in Stichwörtern.
- Schreibe zu jedem Abschnitt wenige Sätze, die das Wichtigste **sachlich und knapp** wiedergeben. Schreibe im **Präsens** und **in eigenen Worten**.
- Halte dich an diesen Aufbau:

Einleitung: Nenne in einem oder zwei Sätzen Textart, Titel und Autor. Schreibe auf, worum es in dem Text geht.

Hauptteil: Fasse den Handlungsablauf zusammen. Verwende deine Sätze aus der Vorbereitung und streiche unwichtige Einzelheiten.

Schlussteil: Schreibe kurz deine persönliche Meinung zum Text auf.

1 a) Überlege dir Überschriften zu den Textabschnitten 3 bis 6 und schreibe sie in die Randspalte neben den Text.

b) Notiere nun zu jedem Abschnitt die wichtigsten Informationen in Stichwörtern. Schreibe in dein Heft.

c) Formuliere zu den Abschnitten 3 bis 6 die wichtigsten Handlungsschritte in zwei bis drei vollständigen Sätzen. Schreibe in dein Heft und orientiere dich an den folgenden Beispielen für Abschnitt 1 und 2.

(1) Ein Mann, der Ruhe sucht, zieht aus der Stadt auf einen Berg und meditiert. Ein Wanderer kommt und beginnt ihn auszufragen. Die knappen Auskünfte, er lebe nur von Luft und Sonne und blicke nach Osten, begeistern den Fremden so, dass er seine Bekannten auffordert zu kommen.

(2) Weitere Wanderer kommen und versuchen, mit dem Mann zu reden. Als der Mann um Ruhe bittet, setzen sie sich um ihn herum und versuchen, ebenfalls zu schweigen.

(3) Nach einer Weile fangen die Wanderer an, …

2 a) Schreibe die Einleitung deiner Textzusammenfassung. Beachte, was in diesen Teil gehört.

_____

_____

_____

b) Schreibe den Hauptteil in dein Heft und fasse die wichtigsten Handlungsschritte zusammen.

c) Schreibe den Schlussteil in dein Heft. Nimm darin persönlich Stellung zum Text.

TIPP

Sieh oben auf S. 6 nach. Hier findest du Hilfen, wie du das Thema benennen kannst.

TIPP

Lies noch einmal deine Sätze von Aufgabe 1c und streiche, was nicht unbedingt wichtig für den Handlungsablauf ist.

Zu literarischen Texten schreiben

Teste dich selbst!

Einen literarischen Text zusammenfassen

1 Lies die Erzählung.

Franz Hohler

Der alte Mann

Ein Wanderer kam einmal in einem großen Wald in den Bergen vom Weg ab und verirrte sich. Als es dunkelte, sah er aber glücklicherweise ein Licht. Er ging näher und kam zu einem Felsen, an dem ein Haus gebaut war. Der Wanderer klopfte an, und ein alter Mann machte die Tür auf. Als ihm der
5 Wanderer seine Lage erklärt hatte, sagte der alte Mann, er könne ruhig bei ihm übernachten.
Erleichtert trat der Wanderer ein, und der alte Mann zeigte ihm sein Zimmer und lud ihn ein, mit ihm zu Nacht zu essen. Eigenartig, dachte der Wanderer, dass der alte Mann das Bett
10 umgekippt hat, aber vielleicht hat er es lange nicht gebraucht. Er ging in die Stube. Zwei Teller lagen umgekehrt auf dem Tisch, und eine Flasche Wein stand so da, dass der Flaschenhals auf dem Tisch balancierte.
„Guten Appetit", sagte der alte Mann, hob seinen Teller ganz leicht
15 und holte sich ein Stück Käse hervor, dann ließ er den Teller wieder über dem Essen zuschnappen. Der Wanderer getraute sich nicht, etwas anderes zu machen als sein Gastgeber, griff auch unter den umgekehrten Teller und holte sich seine Käsestücklein hervor, und als der alte Mann blitzschnell seinen Kopf unter den
20 Flaschenhals schob und einen Schluck Wein trank, ohne dass ein Tropfen danebenging, versuchte es der Wanderer auch, aber er verschüttete fast den halben Wein auf sein Hemd.
„Die Toilette", sagte der alte Mann, „ist da drüben, ich gehe auch schnell." Er ging hinein, der Wanderer hörte, wie gespült wurde,
25 und der alte Mann kam wieder heraus, tropfnass von oben bis unten. Als der Wanderer auch auf die Toilette ging, sah er, dass die Schüssel auf halber Höhe umgekehrt an der Wand befestigt war. Kopfschüttelnd pinkelte er zum Fenster hinaus.
Der Mann begab sich in das Zimmer, das der alte Mann ihm zugewiesen
30 hatte, und begann dort, das umgekehrte Bett wieder auf die Füße zu stellen. Fast war er fertig damit, da ging die Tür auf und der alte Mann fragte: „Was machen Sie da?" „Ich stelle nur das Bett richtig", sagte der Wanderer. „Nein, Sie kehren es um", sagte der alte Mann. „Nein, ich stelle es richtig", sagte der Wanderer und ließ es wieder fallen, „oder könnten Sie so schlafen?"
35 „Natürlich", sagte der alte Mann. Der Wanderer wunderte sich sehr. „Bei Ihnen ist alles umgekehrt", sagte er. „Morgen zeige ich Ihnen, wie es richtig ist."
Am anderen Morgen stellte er das Geschirr richtig auf den Tisch, half dem alten Mann, die Toilettenschüssel richtig anzubringen, und stellte auch die

40 Betten auf die Füße. „Sie haben mir sehr geholfen", sagte der alte Mann, als
er merkte, dass auf diese Art alles viel leichter ging.
Als der Wanderer im nächsten Sommer wiederkam, bat ihn der alte Mann
etwas verlegen hinein, und siehe da, das Geschirr stand wieder verkehrt
herum, die Toilettenschüssel war wieder in halber Höhe verkehrt befestigt,
45 und die Betten streckten die Füße nach oben. „Wissen Sie", sagte der alte
Mann, „ es ist vielleicht schon mühsamer auf diese Weise, aber ich bin es
einfach so gewöhnt." „Das verstehe ich", sagte der Wanderer laut, „das
verstehe ich." Trotzdem rannte er wieder zur Türe hinaus und eilte mit
langen Schritten durch den Wald davon.

2 a) Notiere drei W-Fragen, die du an einen Text stellen solltest, um dir einen
Überblick zu verschaffen. `/3`

Wieoo? Was? Wer? Wo? Wann?

b) Lies die Erzählung erneut. Beantworte anschließend die W-Fragen. `/3`

1. *Weil sich der alte man sich daran gewöhnt hat.*
2. *Er bringt alles verkehrt herum in seinem Haus an.*
3. *Der Wanderer will ihm helfen.*

3 Teile den Text in Abschnitte ein und markiere sie im Text. `/7`

4 Denke über den Schluss nach. Warum eilt der Wanderer davon? Kreuze an. `/1`

☒ Er ist bestürzt, weil seine Hilfe im letzten Jahr nichts gebracht hat.

☐ Ihm ist eine wichtige Verabredung eingefallen.

☒ Er will nicht noch einmal so umständlich essen, trinken, schlafen und
die Toilette benutzen müssen.

☐ Er bekommt Angst, weil er denkt, der alte Mann ist verrückt.

☐ Er ist erschüttert, weil er so wenig gegen die Macht der Gewohnheit
ausrichten konnte.

5 Welchen Aufbau solltest du in der Textzusammenfassung einhalten? Ordne zu. `/3`

Einleitung   *Titel Autor Thema.*

Hauptteil   *Hauptschritte der Handlung.*

Schluss   *Textart persönliche Meinung.*

| Hauptschritte der Handlung | Autor | persönliche Meinung |

| Textart | Thema | Titel |

Gesamt:

/17

Zu literarischen Texten schreiben

9

Die Sprache im Bericht untersuchen

> **Die Sprache im Bericht**
> - Ein Bericht soll **genau**, **knapp** und **sachlich** sein.
> - Du kannst den Text verdichten, wenn du Nebensätze in Satzglieder umformst, z. B.: *während wir aufführten → während der Aufführung*; *nachdem wir mit unserer Vorführung fertig waren → nach der Vorführung*.
> - Im Bericht stehen die Verben oft im **Passiv**.
> - Die Zeitform des Berichts ist das **Präteritum**.

1 Mira schreibt in einer E-Mail an ihre Freundin über ein besonderes Ereignis.

Talente gesucht!

Großer Talentwettbewerb
für Jugendliche von 12 bis 14 Jahren

Samstag, 20.3., ab 14:00 Uhr
in der Lessing-Schule (Sporthalle)

Kannst du tanzen oder singen, ein Musikinstrument besonders gut spielen oder eine Form von Akrobatik vorführen?

Preise zu gewinnen!

Organisiert von der Oberstufe der Lessing-Schule.
Alle Eintrittsgelder und Spenden gehen an ein Kinderhospiz.

Hi Lena, der Samstagabend war einfach super! Über 20 Auftritte gab es. Hannes hat mit seiner Trommelband getrommelt, da waren fast 20 Leute auf der Bühne, und alle mit den selbstgebauten Trommeln, das war schon stark. Der beste Auftritt des Abends! Alle haben ewig gejohlt und geklatscht. Die haben auch den ersten Preis gemacht. Ich habe mit Lotta gesungen, Dancing Queen, puh, war ich aufgeregt. Echt cool war auch Moritz mit seinem Diabolo*. Beim Tanzen hat Sophia gewonnen. Aber das ist o.k., sie war echt gut. Nächstes Jahr wieder, haben wir beschlossen, die Halle war gerammelt voll und es wurden 500 Euro gespendet!!! Ich seh dich, XX Mira

das Diabolo: ein Geschicklichkeitsspiel

a) Die E-Mail enthält einige unsachliche Formulierungen und Informationen, die für einen Bericht unwichtig sind. Unterstreiche diese im Text.

b) Um was für ein Ereignis geht es? Beantworte die W-Fragen.

Wer? _____

Was? _____

Wann und Wo? _____

Warum? _____

Welche Folgen? _____

2 Verdichte die Sätze, indem du die Nebensätze in Satzglieder umwandelst, z.B.:

Nachdem das Publikum feierlich begrüßt worden war, begann der Wettbewerb.
→ **Nach der feierlichen Begrüßung des Publikums** begann der Wettbewerb.

Während sie ihre Kunststücke vorführten, herrschte gespannte Aufmerksamkeit.

_____

_____

Obwohl sich ein kleiner Unfall auf der Bühne ereignete, blieben alle ruhig.

_____

_____

Alle Beteiligten freuten sich, dass sie fast 500 Euro eingenommen hatten.

_____

_____

3 **a)** Kreuze die Sätze an, in denen Verben im Passiv verwendet werden.

☐ Die Lessing-Schule organisierte am Samstag einen Talentwettbewerb. (1.)

☐ Das Publikum wurde von den Künstlern mit einem tollen Programm verwöhnt. (2.)

☐ Der Diabolo-Akrobat Moritz B. überraschte alle mit seinen Kunststücken. (3.)

☐ Alle Eintrittsgelder wurden von der Schule an ein Kinderhospiz gespendet. (4.)

b) Formuliere alle Sätze in die jeweils andere Form um.

1. _____

_____

2. _____

_____

3. _____

_____

4. _____

_____

Einen Bericht verfassen

> **! Einen Bericht schreiben**
> - In der **Einleitung** werden **W-Fragen** beantwortet: **Wer** (tat etwas)? **Was** (geschah)? **Wann** (fand das Ereignis statt)? **Wo** (fand es statt)?
> - Der **Hauptteil** beantwortet ausführlich die folgenden Fragen: **Wie** (lief das ab, worüber berichtet wird)? **Warum** (geschah das, worüber berichtet wird)?
> - Im **Schlussteil** werden entweder die **Folgen** (des Ereignisses) beschrieben oder ein **Ausblick** gegeben.
> - Die **Überschrift** soll **knapp** und **informativ** sein.

1 Welche der Überschriften scheint dir besonders geeignet? Kreuze an.

☐ Talente gefunden!   ☐ Tosender Beifall bei spannender Talentshow in Lessing-Schule

☐ Talentwettbewerb an Lessing-Schule   ☐ Schule sammelt für Kinderhospiz

2 Schreibe einen Bericht über den Talentwettbewerb. Schreibe sachlich und knapp.

a) Verfasse die Einleitung. Beachte, welche Informationen in diesen Teil gehören.

_____

_____

_____

b) Verfasse den Hauptteil und beschreibe, wie der Wettbewerb ablief und warum er stattfand. Schreibe in dein Heft.

c) Berichte im Schlussteil über die Folgen des Talentwettbewerbs. Gib einen Ausblick auf das nächste Jahr. Schreibe in dein Heft.

3 a) Während der Show ist auf der Bühne ein kleiner Unfall passiert. Betrachte die Bilder und nummeriere sie in der richtigen Reihenfolge.

b) Verfasse zu jedem Bild einen Satz, der beschreibt, was passiert ist.

1. *Moritz B. hatte auf der Bühne seinen Auftritt mit dem Diabolo.*

2. *Moritz B. warf das*

3.

4.

4 Die Schule muss den Unfall an die Versicherung melden.
Fülle die Felder aus. Denke dir die nötigen Informationen aus.

Unfallbericht

TIPP
Schreibe den Bericht im Präteritum.

1	Name, Vorname/Institution	Lessing-Schule Mitgliedsnummer 17649.9806543
2	Name(n), Vorname(n), Anschrift der verletzten Person(en)	
3	Wann ereignete sich der Unfall?	Datum: Uhrzeit:
4	Wo ereignete sich der Unfall?	
5	Bei welcher Tätigkeit ereignete sich der Unfall?	
6	Name(n), Vorname(n), Anschrift von Zeugen	
7	Welche Verletzungen oder Beschädigungen sind durch den Unfall eingetreten?	
8	Unfallschilderung (ggf. mit Skizze, bitte auf gesondertem Blatt ergänzen)	
9	Ort, Datum, Unterschriften	

Teste dich selbst!

Einen Bericht verfassen

1 Lies die Notizen über die Verleihung eines Preises an eine Schule.
Für die Schulhomepage soll ein Bericht darüber entstehen, wann und warum
der Preis vergeben wurde.

Wer?	Preisverleiher: Dortmunder Schulförderverein e. V.
	Preisverleihung: „Goldmedaille für Schulengagement", Preisgeld: 500,– € an das Projekt „Schüler helfen Schülern"
	am 3. Mai, Festakt in der Aula der Ludwig-Schule
	Würdigung der Tutoren* und Übergabe des Preises an die betreuende Lehrkraft, musikalischer Beitrag des Schulorchesters, Kaffee und Kuchen
	Idee: Ältere unterstützen Jüngere beim Lernen, indem sie eine Freistunde pro Woche für Nachhilfe „opfern" Nachhilfe in den Fächern: Mathe, Deutsch, Englisch teilnehmende Tutoren: 21 Schülerinnen und Schüler der 9. und 10. Klassen der Ludwig-Schule in Dortmund
	nächstes Schuljahr: noch mehr Schüler machen mit, benachbarte Schulen folgen dem Beispiel

/ 5

a) Schreibe in die linke Spalte, auf welche W-Fragen die Notizen eine Antwort geben.

/ 3

b) Markiere mit Hilfe dreier Farben, welche der Informationen in die Einleitung, den Hauptteil und den Schluss gehören.

/ 3

c) Überlege dir eine passende Überschrift und schreibe sie auf.

_____

/ 9

2 Verfasse einen Bericht über das Ereignis, indem du die Notizen verknüpfst.
Schreibe hier die Einleitung. Hauptteil und Schluss schreibe in dein Heft.

_____

_____

_____

_____

Gesamt:

/ 20

_____

_____

Eine Argumentationskette entwickeln

Zu einem Thema Stellung nehmen

Ziel einer Stellungnahme ist es, andere von deiner Meinung zu überzeugen.
- Mit **Argumenten** begründest du deine **Meinung** (These).
- In einer **Argumentationskette** ordnest du die wichtigsten Argumente (Begründungen) in einer sinnvollen Reihenfolge.
- **Beispiele** und **Erklärungen** machen deine Begründungen anschaulich.

1 a) Lies die Zeitungsmeldung.

> **Große Fastfood-Kette eröffnet Filiale in unmittelbarer Nähe von Schulen**
> In den kommenden Tagen wird in Berlin die Filiale einer großen Fastfood-Kette eröffnet. Schon gegen die Pläne reagierten viele Anwohner mit heftigen Diskussionen. In Protestschreiben, Leserbriefen und Internet-foren protestierten viele erbost gegen die Wahl dieses Standorts. Doch die Besitzer des neuen Restaurants, zu dem auch ein Drive-in gehört, haben bereits für die Eröffnungsparty geschmückt.

b) Was denkst du darüber? Schreibe deine Meinung in einem Satz auf.

_____

_____

2 a) Lies die Meinungsäußerungen einiger Betroffener.

Schüler: Hey, ich bin alt genug, um selbst entscheiden zu können.

Anwohnerin: Die ganzen Verpackungen verdrecken unseren schönen Stadtbezirk. Die Bemühungen, die Schüler zum umweltbewussten Umgang mit Müll zu erziehen, werden so garantiert scheitern.

Ein Vater: Unsere Kinder werden verführt, das ungesunde Fastfood zu essen!

Anwohner: Die Leute stehen Schlange in diesen Restaurants, also wollen die meisten die Eröffnung.

Schulleiter: Wir haben gerade eine Kantine eröffnet, wo gesundes und vollwertiges Essen gekocht wird. Wir wollen junge Menschen zu bewusstem Essen anregen. Wenn niemand mehr kommt, müssen wir schließen.

Anwohner: Ich finde es toll. Noch ein Restaurant mehr, das man wählen kann.

Koch: Wir werden vielleicht unseren Arbeitsplatz in der Schulmensa verlieren.

Schülerin: Ich spare Geld, das Essen ist am billigsten und schmeckt super. Salate und Obst gibt es dort neuerdings auch. So ungesund ist das Essen nicht mehr.

b) Unterstreiche die Äußerungen, die sich gegen eine Fastfood-Filiale an diesem Standort wenden, rot und die, in denen die Eröffnung begrüßt wird, grün.

Schriftlich Stellung nehmen

INFO

Mit **Argumenten** begründest du deine Meinung. In einer **Stoff-sammlung** ordnest du Pro- und Kontra-Argumente zu einem Thema.

3 a) Lege eine Stoffsammlung zu diesem Thema an. Ordne dazu die Pro- und Kontra-Argumente von der vorherigen Seite in die Tabelle ein. Verkürze jedes Argument auf wenige Stichwörter, z.B.:

Anwohner: Ich finde es toll. Noch ein Restaurant mehr, das man wählen kann.
• größere Auswahlmöglichkeiten an Restaurants

Pro: Ich bin für die Eröffnung.	Kontra: Ich bin gegen die Eröffnung.
größere Auswahlmöglichkeiten an Restaurants	

b) Welche Argumente findest du überzeugender, die der Pro- oder die der Kontra-Seite? Schreibe deine Meinung (These) in einem Satz auf.

_____

_____

_____

4 a) Stütze deine Meinung mit Argumenten. Prüfe daraufhin die Argumente in der Tabelle. Unterstreiche das Argument, das du am wichtigsten findest.

b) Entwickle eine Argumentationskette. Nummeriere alle Argumente nach ihrer Wichtigkeit. Die 1 steht für das schwächste Argument.

INFO

Argumente einleiten:
weil ...
da ...
denn ...

c) Begründe deine Meinung mit Hilfe der drei wichtigsten Argumente, z.B.:

Ich bin gegen/für die Eröffnung des Restaurants,

1. *weil* _____

2. _____

3. _____

5 Beispiele und Erklärungen veranschaulichen deine Argumente.
Deine Meinung wird so für andere überzeugender.

a) Suche für jedes der Argumente das passende Beispiel und verbinde beide.

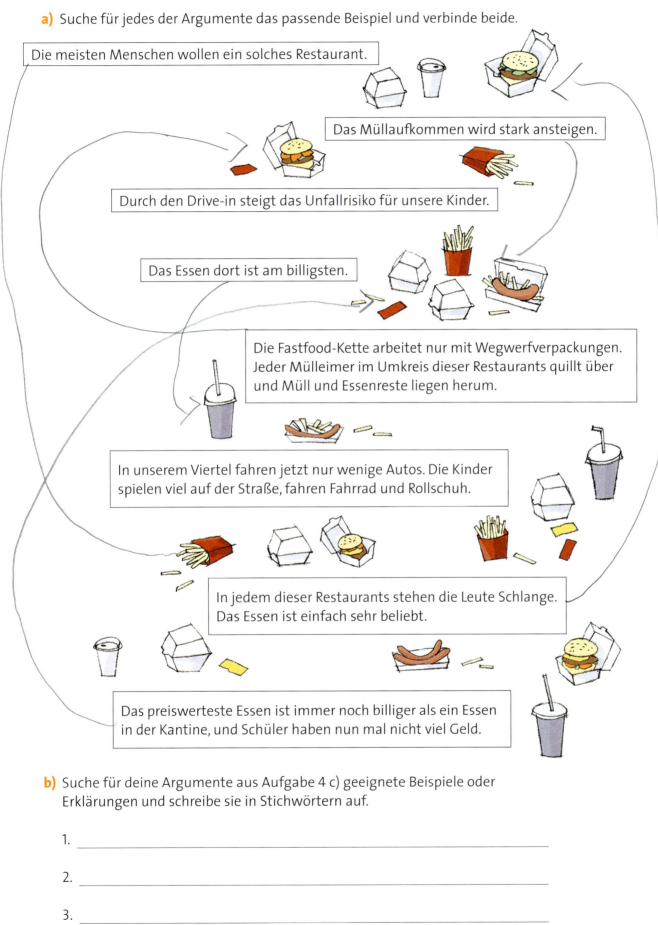

b) Suche für deine Argumente aus Aufgabe 4 c) geeignete Beispiele oder Erklärungen und schreibe sie in Stichwörtern auf.

1. _____

2. _____

3. _____

Den Hauptteil schreiben

Den Hauptteil schreiben
Im Hauptteil deiner Stellungnahme nennst du deine **These** und stellst deine **Argumente** mit Beispielen und Erklärungen vor. **Verbinde** die Argumente sinnvoll miteinander.

1 Lies die Stellungnahme eines Schülers und achte auf den Aufbau.

Aufbau des Hauptteils

→ *These (Z. 1)*

→ *Argument 1 (Z.*

Ich bin eindeutig für die Eröffnung des Restaurants.
Jeder sollte das Recht haben, selbst zu entscheiden, was er essen möchte und wo. Manchmal schmeckt mir eben das angebotene Kantinenessen nicht. Warum sollte ich gezwungen werden, es
5 trotzdem zu essen?
Außerdem ist das Essen in diesen Fastfood-Restaurants nicht mehr so ungesund, wie es einmal war. Man kann Salate essen und Obst zum Nachtisch. Und das Fleisch kommt zu fast 100% aus Deutschland.
10 Ein weiteres Argument spielt für mich eine große Rolle: Das Essen in diesen Ketten ist billig, schmeckt gut und man muss nie warten. Gerade Schüler haben wenig Zeit in ihrer kurzen Mittagspause. Ich zum Beispiel habe nur 25 Min. Zeit. Gehe ich in die Schulkantine, stehe ich fast 15 Min. in der Warteschlange.

a) Ordne zu. Schreibe in die Randspalte: These, Argument 1, Argument 2, Argument 3. Ergänze die jeweils passenden Zeilenangaben.

b) Unterstreiche die Beispiele/Erklärungen zu jedem Argument.

c) Umkreise die beiden Überleitungen von einem Argument zum nächsten.

2 Schreibe den Hauptteil deiner Stellungnahme. Nutze deine Ergebnisse aus den Aufgaben 4 und 5 von Seite 16 f. Achte auf geeignete Überleitungen.

Einleitung und Schluss schreiben

> **Einleitung und Schluss schreiben**
>
> Die **Einleitung** soll **zum Thema hinführen** und **Interesse wecken**.
> Schreibe **neutral** und nenne weder Meinung noch Argumente. Wähle aus:
> - Du beschreibst ein aktuelles Ereignis.
> - Du gehst von einem eigenen Erlebnis aus.
> - Du erklärst einen Begriff im Zusammenhang mit dem Thema.
>
> Im **Schlussteil** ziehst du ein Fazit: Wiederhole **deine Meinung** und das **wichtigste Argument**. Gib abschließend einen **Ausblick** in die Zukunft.

1 a) Lies den folgenden Anfang einer Einleitung. Welche Art der Einleitung wird in dem folgenden Beispiel genutzt? Kreuze an.

☐ aktuelles Ereignis ☐ eigenes Erlebnis ☐ Begriffserklärung

Der Ausdruck „Fastfood" ist aus dem Englischen entlehnt und bedeutet „Schnelles Essen": Der Kunde soll sein Essen so schnell wie möglich erhalten. Es handelt sich daher meist um Fertiggerichte. Fastfood kann schnell und meist mit den Fingern gegessen werden. In Berlin soll nun in unmittelbarer Nähe einer Schule …

b) Übe das Schreiben einer Einleitung: Schreibe jeweils ein Beispiel zum Thema „Fastfood vor Schule?" zu den Möglichkeiten, die du nicht angekreuzt hast.

A. _____

_____

_____

B. _____

_____

_____

> **TIPP**
>
> Leite am Ende der Einleitung zum Hauptteil über, indem du die Diskussionsfrage der Stellungnahme nennst („Ist der Bau eines Fastfood-Lokals direkt neben einer Schule sinnvoll?").

2 Verfasse einen Schluss. Beachte die drei Punkte, die er beinhalten sollte.

_____

_____

_____

_____

Teste dich selbst!

Schriftlich Stellung nehmen

1 Deine Klasse hat in einem Wettbewerb 300 € gewonnen. Schnell bilden sich zwei Gruppen: Die eine Gruppe möchte damit Patenschaften für afrikanische Waisenkinder finanzieren, die andere einen Klassenausflug machen.

/ 2

a) Für welchen Vorschlag wärst du? Bilde dir eine Meinung. Formuliere sie in einem Satz.

Ich denke, wir sollten

_____

/ 6

b) Trage in einer Tabelle Argumente und Beispiele zusammen, die deine Meinung stützen. Übertrage dazu die Tabelle in dein Heft.

Argument	Beispiel/Erklärung
...	...

/ 3

c) Entwickle eine Argumentationskette. Markiere die drei stärksten Argumente und nummeriere sie nach ihrer Wichtigkeit. Die 1 steht für das schwächste Argument in der Kette.

/ 5

2 Schreibe die Einleitung. Wiederhole am Ende das Thema deiner Stellungnahme.

_____

_____

_____

/ 6

3 Schreibe den Hauptteil deiner Stellungnahme. Verbinde dabei deine drei Argumente mit ihren Beispielen mit Hilfe sinnvoller Überleitungen. Schreibe in dein Heft.

/ 3

4 Schreibe den Schluss. Beachte die Punkte, die er enthalten sollte.

_____

_____

Gesamt:

/ 25

Sachtexte erschließen

> **Sachtexten Informationen entnehmen**
> - Lies die **Überschrift** und betrachte die **Abbildungen**. Stelle Vermutungen zum Inhalt des Textes an.
> - **Lies den Text**. Überprüfe deine Vermutungen und benenne das Thema.
> - Kläre **unbekannte Wörter**.
> - Gliedere den Text in **Abschnitte** und gib jedem eine Überschrift.
> - Stelle **W-Fragen** an den Text und beantworte sie.

1 a) Lies die Überschrift und betrachte das Bild. Stelle Vermutungen an, worum es in dem Text gehen könnte.

b) Überfliege den Text, überprüfe deine Vermutungen und benenne das Thema des Textes. Schreibe in dein Heft.

Die Reise der Kartoffel

Die Heimat der Kartoffeln sind die Anden. Sie stammen wahrscheinlich aus der Gegend, die dem heutigen Peru und Bolivien entspricht. Dort aß man die ersten Wildpflanzen bereits im 8. Jahrtausend vor Christus. Diese Urkartoffeln haben aber
5 nicht besonders gut geschmeckt. Die Inkas – die Menschen, die dort lebten – erkannten, dass die Kartoffeln in den Anden mit Höhenlagen von 3000 bis 4000 Metern sehr gut wachsen. Der sonst angebaute Mais wuchs auf dieser Höhe nicht. Deshalb setzte sich die Kartoffel durch und wurde fleißig angebaut. Sie
10 diente nicht nur der Ernährung, sondern hatte auch kulturelle und religiöse Funktionen. So gab es eine eigene Kartoffelgöttin.

Mitte des 16. Jahrhunderts kam die Kartoffel über Spanien und England nach Europa. 1565 erhielt der spanische König Philipp der Zweite eine Kiste mit indianischen Produkten aus
15 der Neuen Welt. Darin waren auch Kartoffelknollen. Der angesehene Arzt und Botaniker C. Clusius pflanzte sie in seinem Garten der Universität Leiden an und vermehrte sie. Die Pflanze blieb fast 200 Jahre lang eine Zier- und Zuchtpflanze, die in den fürstlichen und bischöflichen Gärten beliebt
20 war. Das Nachtschattengewächs Kartoffel blühte im warmen und hellen Europa prächtig, bildete aber nur kleine Knollen. Für adlige Feinschmecker eine seltene Delikatesse, die in Italien „Tartufoli" genannt wurde. Durch Auslese, Anpassung und Einkreuzen weiterer Sorten brachten die Botaniker die
25 Kartoffelknolle zu ansehnlicher Größe.

Friedrich der Zweite von Preußen (1712-1786) erkannte, dass die Kartoffeln helfen konnten, die Ernährung der Bevölkerung sicherzustellen. Damals waren mehrmalige Getreidemissernten und die wachsenden Bevölkerungszahlen ein Problem.

30 Die Menschen waren jedoch zunächst kritisch eingestellt. Wegen der neumodischen Kartoffel sollten sie die jahrhundertealte Dreifelderwirtschaft aufgeben, die Anbaumethoden umstellen, und es fehlte ihnen eine „Gebrauchsanweisung": Welcher Teil der Kartoffelpflanze sollte zubereitet werden und wie?

35 Friedrich der Zweite stellte kostenlos Saatkartoffeln zur Verfügung, die an die Bauern verteilt wurden, und befahl den Anbau der Kartoffel. Außerdem ließ er die Kartoffelfelder von Soldaten bewachen und erreichte mit diesem Trick, dass die Menschen sich für die Kartoffeln interessierten. Wenn sie von den
40 Soldaten des Königs bewacht wurden, mussten Kartoffeln doch etwas Besonderes sein.

2 a) Lies den Text noch einmal genau.

b) Wähle aus den folgenden Überschriften für jeden Abschnitt eine passende aus und schreibe sie auf die Linien darüber.

> *Die Kartoffelgöttin   Die Herkunft der Kartoffel*
>
> *Die Kiste der Indianer   Kartoffelgeschmack*
>
> *Der Weg der Kartoffel nach Europa   Reise in die Neue Welt*
>
> *Gartenschmuck   Vom Garten auf den Tisch*
>
> *Ein König setzt die Kartoffel durch   Der Kartoffelbefehl*
>
> *Der schwere Start der Kartoffel in Deutschland*

3 Notiere zu jedem Abschnitt die wichtigsten Informationen in Stichwörtern in die Randspalte.

4 Was bedeuten die folgenden Wörter? Kreuze die richtigen Erklärungen an.

Inkas (Zeile 5)

☐ Gegend in den Anden

☐ Menschen, die in den Anden lebten und die Urkartoffel anbauten

religiös (Zeile 11)

☐ gläubig, fromm

☐ überzeugt

adlige Feinschmecker (Zeile 22)

☐ vornehme Menschen, die gutes Essen schätzen

☐ italienische Botaniker

5 Beantworte folgende Fragen in ganzen Sätzen.

A Woher kommt die Kartoffel?

_____

_____

B Wie alt ist die Kartoffel?

_____

_____

C Welche Pflanze hat sie in ihrer Heimat ersetzt?

_____

_____

D Wie kam die Kartoffel nach Europa?

_____

_____

E Warum hatten reiche Leute in Europa die Kartoffel im Garten?

_____

_____

F Warum verhielten sich die Leute in Preußen zunächst kritisch gegenüber
der Kartoffel?

_____

_____

_____

G Wer setzte die Kartoffel in Deutschland als Lebensmittel durch?
Wie geschah das?

_____

_____

_____

_____

6 Diese beiden Kartoffelprodukte finden sich in jedem Supermarkt und erfreuen sich großer Beliebtheit.

a) Lies die beiden folgenden Textabschnitte.

b) Notiere jeweils eine passende Überschrift auf die Linie.

c) Schreibe zu jedem Textabschnitt W-Fragen in die Randspalte.

d) Unterstreiche die Antworten im Text.

_____

Die beliebten Pommes Frites stammen trotz ihres französischen Namens nicht aus Frankreich, sondern aus Belgien. Einer Erzählung nach sollen sie in einem Jahr mit ausgesprochen schlechtem Fischfang erfunden worden sein. Die Belgier
5 bevorzugen ihren Fisch in reichlich Fett ausgebacken. Da es nun zu einer Zeit sehr wenig Fisch gab, probierten sie, die Beilage – also die Kartoffeln – zu frittieren und erfanden so die Pommes.

_____

Der Küchenchef George Crum in Saratoga Springs, New York, wurde 1853 gebeten, eine Beilage zu servieren, die dünner
10 als die normalen französischen Bratkartoffeln, die „Pommes allumettes", sein sollte. Er schnitt so dünne Scheiben, dass diese nach dem Frittieren nicht mehr mit der Gabel aufgespießt werden konnten. Das neue Gericht hatte Erfolg und stand bald als „Saratoga Chips" auf der Speisekarte. Innerhalb weniger Jahre
15 entstand eine umfangreiche kommerzielle Produktion und bereits 1870 wurden die Chips in Fabriken produziert.

7 Stelle die Gemeinsamkeiten dieser beiden Produkte fest, die in den Texten beschrieben werden. Schreibe drei bis vier kurze Sätze.

Kartoffel

Erfindung durch Ausprobieren

in Fett ausgebacken

schnelle Verbreitung

Tabellen erschließen

Eine Tabelle erschließen

- Stelle fest, worüber die Tabelle informiert. Achte auf die **Überschrift**.
- Verschaffe dir einen Überblick über das **Thema**: Welche **Informationen** enthalten die **Spalten** und **Zeilen**?
- **Vergleiche** die Angaben in der Tabelle miteinander.
- Notiere deine Beobachtungen: Was fällt dir besonders auf?

1 Betrachte die folgende Tabelle. Schreibe das Thema in einem Satz auf.

Kartoffelland Deutschland: Landwirtschaft – Ernte 2008	Mengenangabe in 1000 t			
Land	Getreide	Kartoffeln	Gemüse	Obst
Bayern	8.369	1.934	534	69
Baden-Württemberg	3.985	198	228	387
Berlin	●	●	●	●
Bremen				
	●	●	●	●
Hamburg	●	●	●	●
Mecklenburg-Vorpommern	4.290	503	39	57
Niedersachsen	7.933	5.257	492	319
Rheinland-Pfalz	1.684	282	522	58
Sachsen	2.846	287	64	103

2 Beantworte folgende Fragen in ganzen Sätzen.

A In welchem der angegebenen Bundesländer wurden 2008 die meisten Kartoffeln geerntet? Wie viele waren es?

B Zu den Stadtstaaten Berlin, Bremen und Hamburg wurden keine Angaben gemacht. Woran könnte das liegen?

C In welchen der angegebenen Länder wird mehr anderes Gemüse als Kartoffeln angebaut?

Teste dich selbst!

Sachtexte und Diagramme erschließen

1 Lies den Text.

Tolle Knolle

Überall auf der Welt sättigt die Kartoffel jeden Tag Millionen von Menschen.
Sie ist gesund, genügsam und dankt die Mühe der Landwirte mit großen
Erträgen. Über 300 Millionen Tonnen Kartoffeln wurden im Jahr 2006
geerntet, etwas über die Hälfte davon in Entwicklungsländern.
5 Sie ist aber nicht nur Grundnahrungsmittel und Rohstoff für Fertigprodukte
wie Chips, Pommes Frites, Kartoffelklöße oder Pudding, sondern auch
Stärkelieferant für Industrieprodukte wie Papier, Kunststoffe, Baustoffe,
Reinigungsmittel, Waschpulver, Zahnpasta oder Textilien.
2009 wurde die gentechnisch veränderte Industriekartoffel „Amflora"
10 zugelassen, die speziell für die industrielle Verarbeitung entwickelt wurde
und nun angebaut wird.
Weltweit gibt es über 4000 verschiedene Kartoffelsorten, die entweder als
Speise- oder als Stärke-/Industriekartoffel angebaut werden und auf jedem
noch so kargen Boden gedeihen.

/ 4

2 Kläre die Wortbedeutung und kreuze an.

sättigt	☐ macht satt	☐ macht mehr als satt	
genügsam	☐ kalorienarm	☐ anspruchslos	☐ bescheiden
Textilien	☐ Schriftstücke	☐ Stoffe	
karg	☐ rau	☐ nährstoffarm	☐ sandig

/ 3

3 Markiere in jedem Abschnitt ein bis zwei passende Stichwörter.

/ 3

4 Im zweiten Abschnitt werden drei unterschiedliche Verwendungszwecke
der Kartoffel genannt. Notiere sie.

1. _____

2. _____

3. _____

/ 4

5 Erkläre in kurzen Sätzen, was „Amflora" ist und was sie von anderen Kartoffeln
unterscheidet.

_____

_____

6 a) Macht die Kartoffel dick? Beantworte die Frage mit Hilfe des Diagramms zum Nährstoffgehalt der Kartoffel. Begründe deine Antwort. Schreibe drei bis vier kurze Sätze auf.

/ 4

_____

_____

_____

_____

_____

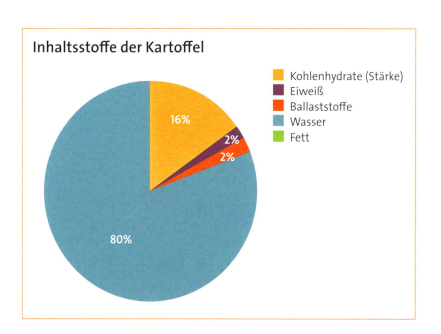

b) Vergleiche im folgenden Schaubild die verschiedenen Zubereitungsarten. Was hat mehr Fett: Rösti oder Bratkartoffeln? Kreuze an.

/ 2

☐ Rösti

☐ Bratkartoffeln

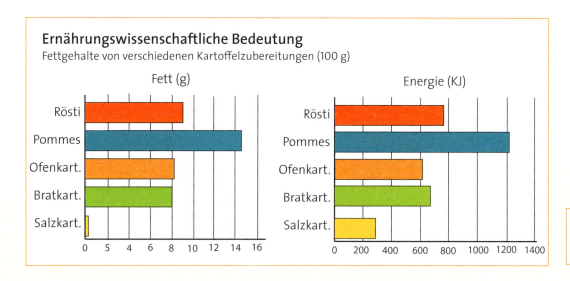

Gesamt:

/ 20

Eine Ballade verstehen

Die Merkmal einer Ballade
- Eine Ballade erzählt eine Geschichte über ein **spannendes** oder **ungewöhnliches Ereignis**.
- Im Mittelpunkt steht häufig eine **Figur, die eine Situation meistern muss**.
- Balladen enthalten oft **wörtliche Rede**.
- Sie sind meist **gereimt** und in **Strophen** gegliedert.

1 Lies die Ballade und überprüfe die Merkmale. Kreuze an, wenn sie vorhanden sind.

☐ Figur muss Situation meistern ☐ ungewöhnliches Ereignis

☐ wörtliche Rede ☐ Verse und Strophen

Johann Wolfgang Goethe

Erlkönig

Wer reitet so spät durch Nacht und Wind?
Es ist der Vater mit seinem Kind;
Er hat den Knaben wohl in dem Arm,
Er fasst ihn sicher, er hält ihn warm.

5 „Mein Sohn, was birgst* du so bang* dein Gesicht?"
„Siehst, Vater, du den Erlkönig nicht?
Den Erlenkönig mit Kron' und Schweif*?"
„Mein Sohn, es ist ein Nebelstreif."

„Du liebes Kind, komm, geh mit mir!
10 Gar schöne Spiele spiel ich mit dir;
Manch bunte Blumen sind an dem Strand,
Meine Mutter hat manch gülden Gewand."

„Mein Vater, mein Vater, und hörest du nicht,
Was Erlenkönig mir leise verspricht?"
15 „Sei ruhig, bleibe ruhig, mein Kind;
In dürren Blättern säuselt der Wind."

„Willst feiner Knabe, du mit mir gehen?
Meine Töchter sollen dich warten* schön;
Meine Töchter führen den nächtlichen Reihn*
20 Und wiegen und tanzen und singen dich ein."

birgst: versteckst
bang: ängstlich

Schweif: Schleppe an einem Umhang

warten: erwarten, als Gast begrüßen und verwöhnen
führen den nächtlichen Reihn: tanzen in der Nacht

Literarische Texte lesen

28

„Mein Vater, mein Vater, und siehst du nicht dort
Erlkönigs Töchter am düstern* Ort?"
„Mein Sohn, mein Sohn, ich seh es genau:
Es scheinen die alten Weiden so grau."

25 „Ich liebe dich, mich reizt deine schöne Gestalt;
Und bist du nicht willig*, so brauch ich Gewalt."
„Mein Vater, mein Vater, jetzt fasst er mich an!
Erlkönig hat mir ein Leids getan*!"

Dem Vater grauset's, er reitet geschwind*,
30 Er hält in den Armen das ächzende* Kind,
Erreicht den Hof mit Müh und Not;
In seinen Armen das Kind war tot.

düstern: dunkel, unheimlich

willig: freiwillig etwas tun

ein Leids getan: hat mich verletzt, mir wehgetan
geschwind: schnell
ächzend: stöhnend, seufzend

2 In der Ballade werden Wörter aus früherer Zeit verwendet.
Erkläre die folgenden Wörter.

TIPP
Überprüfe die Bedeutung der Wörter mit einem Wörterbuch.

gülden Gewand (Zeile 12): _____

feiner Knabe (Zeile 17): _____

Gestalt (Zeile 25): _____

3 Schreibe für jede Strophe eine passende Überschrift auf.

Strophe 1: Vater und Sohn reiten nach Hause _____

_____

_____

_____

_____

_____

_____

4 Untersuche den Aufbau der Ballade und bestimme die Reimform.

Anzahl der Strophen: _____   Anzahl der Verse pro Strophe: _____

Reimform: _____

INFO
Reimformen:
Paarreim: aabb
Kreuzreim: abab

Literarische Texte lesen

29

Die Sprache einer Ballade untersuchen

> ### Sprachliche Bilder
>
> In Gedichten werden oft **sprachliche Bilder** verwendet. Dabei werden Dinge miteinander **verglichen**. Auf diese Weise kann man sich die beschriebenen Dinge besonders gut vorstellen.

1 Was erfährst du über Ort und Zeit des Geschehens? Unterstreiche die Hinweise im Text und fasse das Ergebnis in wenigen kurzen Sätzen zusammen.

_____

_____

2 a) Der Sohn hat eine fantasievolle Wahrnehmung. Der Vater sucht nach sachlichen Erklärungen für das, was der Sohn sieht und hört.
Stelle die unterschiedlichen Wahrnehmungen gegenüber.

Sohn	Wahrnehmung	Vater
Siehst ... du den Erlkönig nicht?	Sehen	... es ist ein Nebelstreif.

b) Welches Ziel verfolgt der Vater mit seinen Erklärungen? Hat er Erfolg?

_____

_____

INFO

Alliteration: Aufeinander folgende Wörter beginnen mit dem gleichen Buchstaben, z. B.: *bunte Blumen, Spiele spielen.*

3 Wodurch entsteht die Spannung in dieser Ballade? Schreibe wenige kurze Sätze dazu in dein Heft. Beachte dabei folgende Fragen:

- Welche Wirkung hat die Verdopplung der Anreden „mein Vater" und „mein Sohn" auf dich?
- Welche Rolle spielen die sprachlichen Bilder?
- Wie wirken die Alliterationen in Strophe 3 auf dich?

Teste dich selbst!

Merkmale einer Ballade untersuchen

Ludwig Uhland

Die Rache

Der Knecht hat erstochen den edeln Herrn,
Der Knecht wär selber ein Ritter gern.

Er hat ihn erstochen im dunkeln Hain
Und den Leib versenket im tiefen Rhein.

5 Hat angeleget die Rüstung blank,
Auf des Herren Ross sich geschwungen frank.

Und als er sprengen will über die Brück,
da stutzet das Ross und bäumt sich zurück.

Und als er die güldnen Sporen ihm gab,
10 da schleudert's ihn wild in den Strom hinab.

Mit Arm, mit Fuß, er rudert und ringt
Der schwere Panzer ihn niederzwingt.

1 Kreuze die jeweils richtige Worterklärung an. ☐ / 6

Hain	☐ Straße	☐ kleiner Wald
Leib	☐ Körper	☐ ein ganzes Brot
Ross	☐ Pferd	☐ Rose im Wappen
frank	☐ offen, freimütig	☐ sportlich
sprengen	☐ die Brücke mit Dynamit sprengen	☐ reiten
Strom	☐ Starkstrom	☐ der Rhein

2 Erkläre den Titel und schreibe eine passende Lehre auf. Schreibe in dein Heft. / 4

3 Bestimme die Reimform. _____ / 1

4 Ist der Text eine Ballade? / 3
Begründe deine Meinung: Welche Merkmale treffen zu, welche nicht?

_____

_____

_____

Gesamt:

/ 14

Literarische Texte lesen

Nomen und Pronomen verwenden

TIPP

Das hilft dir, Wortarten zu unterscheiden:
Nomen bezeichnen Lebewesen, Gegenstände, Zustände, Gefühle.
Verben geben an, was jemand tut oder was geschieht.
Adjektive beschreiben Eigenschaften und Merkmale von Nomen genauer.
Pronomen ersetzen Nomen.
Präpositionen geben das Verhältnis zwischen Gegenständen und/oder Personen an.

> ## Personal-, Possessiv- und Demonstrativpronomen verwenden
>
> **Pronomen** sind Begleitwörter oder Stellvertreter anderer Wörter.
> - **Personalpronomen** können Nomen ersetzen, z.B.:
>   *ich/mir/mich, du/dir/dich*
> - **Possessivpronomen** (besitzanzeigende Fürwörter) geben an, wem etwas gehört, z.B.:
>   *mein/meine, dein/deine, sein/seine, ihr/ihre, unser/unsere, euer/eure, ihr/ihre*
> - **Demonstrativpronomen** (hinweisende Fürwörter) weisen auf etwas hin und werden besonders betont, z.B.:
>   *der/die/das, dieser/diese/dieses, jener/jene/jenes, dasjenige, der (da)*

1 Unterstreiche im folgenden Text alle Personalpronomen rot, alle Possessivpronomen grün und alle Demonstrativpronomen gelb.

Heute haben wir Glück gehabt

An der Willy-Hellpach-Schule in Heidelberg haben Schülerinnen und Schüler ein neues Fach in ihrem Stundenplan stehen: Glück. Dieses heißt eigentlich „Lebenskompetenz", aber im Unterricht dreht sich alles um die Frage, wie man in seinem Alltag ein glücklicher und ausgeglichener Mensch werden kann. Um ihrem Glück auf die Sprünge zu helfen, spielen die Schülerinnen und Schüler gemeinsam Theater und haben einen Motivationstrainer. Dieser vermittelt ihnen, wie sie positives Denken lernen können. Glück kann als Abiturprüfungsfach gewählt werden. In diesem gibt es fürs Glück tatsächlich gute und schlechte Noten.

2 Ersetze im folgenden Text die unterstrichenen Nomen und Wortgruppen durch die in Klammern angegebenen Pronomen und schreibe den Text neu auf.

Maren ist begeistert von dem neuen Fach Glück. In dem neuen Fach Glück (Demonstrativpronomen) muss Maren (Personalpronomen) allerdings viele Hausaufgaben erledigen. Die Hausaufgaben (Demonstrativpronomen) bestehen meist aus praktischen Übungen und sind abwechslungsreicher als die übrigen Hausaufgaben der Schüler (Possessivpronomen).

_____

_____

_____

_____

_____

_____

Adjektive verwenden

Die Funktion von Adjektiven erkennen

Adjektive beschreiben Eigenschaften und Merkmale von Nomen genauer.
- Adjektive können einem Nomen als Begleiter vorangestellt sein, dann sind sie Attribute (Attribut = Beifügung), z.B.:
  der lustige Film, das fröhliche Mädchen

INFO

Die meisten Adjektive kann man steigern. Die Grundform des Adjektivs ist der **Positiv**, z.B.:
*Das Kleid ist **schön**.*
Der **Komparativ** ist die Vergleichsform, z.B.:
*Dieses Kleid ist **schöner** als das andere.*
Die zweite Form der Steigerung ist der **Superlativ**, z.B.:
*Das Kleid ist **am schönsten**.*

1 a) Lies den Text. Welches Gefühl wird hier umschrieben?
Schreibe es mit dem Artikel in die Klammern.

Wer bin ich?

Ich bin launisch und unbeständig,
unberechenbar und flüchtig,
zerbrechlich wie Glas,
liege manchmal auf der Straße
und bin niemals lästig. (_____)

b) Unterstreiche im Text alle Adjektive.

2 Mit den Adjektiven aus dem Text kannst du folgende Nomen näher bestimmen.

a) Ergänze das passende Adjektiv in der richtigen Form.

eine _____ Eisschicht   eine _____ Begrüßung

ein _____ Wetter   eine _____ Freundin

ein _____ Risiko   eine _____ Fliege

b) Steigere eines der Adjektive und schreibe die Formen auf.

_____

3 Umschreibe ein weiteres Gefühl aus der Randspalte.
Orientiere dich dabei am Aufbau des Textes in Aufgabe 1.

Wer bin ich?

Ich bin _____

_____

_____

und _____ (_____)

TIPP

Diese Gefühle könntest du umschreiben:
der Neid
die Liebe
der Hass
die Angst
der Zweifel
die Wut
die Sehnsucht

gemein

grün

hinterlistig

kalt

stark

schwach

endlos

bitter

lästig

endlich

wunderbar

kraftvoll

groß

klein

Nachdenken über Sprache: Wortarten

Mit Verben Zeitformen bilden

Die Zeitformen des Verbs
Mit den Zeitformen des Verbs kann man ausdrücken, wann eine Handlung geschieht:
- in der **Gegenwart** (**Präsens**: *ich schreibe*),
- in der **Vergangenheit** (**Präteritum**: *ich schrieb*, **Perfekt**: *ich habe geschrieben*, **Plusquamperfekt**: *ich hatte geschrieben*),
- in der **Zukunft** (**Futur**: *ich werde schreiben*).

TIPP
Signalwörter im Text helfen dir dabei, die richtige Zeitform zu finden, z.B.: *früher, heute, vor zwanzig Jahren, 1930, in der heutigen Zeit.*

1 Schreibe die Verben in der richtigen Zeitform in die Lücken.

Süße Überraschung

In vielen chinesischen Restaurants _bekam_ (bekommen) man als Gast Glückskekse, die kleine Botschaften auf Zetteln _enthielten_ (enthalten). Ob es sich bei dem Gebäck um einen echten chinesischen Glücksbringer _handelt_ (handeln), _ist_ (sein) allerdings ungewiss. Nach einer Legende _versteckten_ (verstecken) Widerstandskämpfer im 13. Jahrhundert ihre geheimen Botschaften in Kuchen. Heute _weiss_ (wissen) man immerhin, dass ein Japaner in Amerika 1909 die Idee _aufgriff_ (aufgreifen) und Kekse mit Glückssprüchen _verteilte_ (verteilen). Im heutigen China _____ (stecken) viele Chinesen Botschaften oder Geldscheine in rote Tütchen und _____ (verschenken) diese. Einer alten Geschichte zufolge _vertrieb_ (vertreiben) man vor langer Zeit den Dämon* Nian durch rote Farbe, Lärm und Laternen.

Dämon: böser Geist

2 Markiere in den folgenden Sätzen alle Verben und bestimme die Zeitformen.

Früher glaubten die Menschen an übernatürliche Kräfte.	
Wissenschaft, Vernunft und Technik ließen den Glauben an das Übernatürliche vielfach verschwinden.	
Vorher hatten sich die Menschen nur wenig Handlungsspielraum zugestanden.	
Dennoch spielen Glücksbringer, wie das Hufeisen, auch heute noch eine wichtige Rolle.	
Vermutlich werden Glücksbringer niemals aus der Mode kommen.	

Aktiv und Passiv verwenden

Aktiv und Passiv unterscheiden

- In Sätzen, in denen das Subjekt etwas tut, steht das Prädikat im **Aktiv**. Der **Täter**/Die **handelnde Person** wird betont, z. B.:
  *Der Koch **verrührt** den Teig.*
- Sätze, in denen das Subjekt (der „Täter") verschwiegen wird, stehen im **Passiv**. Dieses wird mit *werden* + Partizip II des Verbs gebildet. Der **Vorgang**/Die **Handlung** steht im Vordergrund, z. B.:
  *Der Teig **wird verrührt**.*

Rezept für Glückskekse

1. Man mischt Mehl, Öl, Zucker und Eier in einer Rührschüssel.

2. Man füllt den Teig in runde Backformen.

3. Man backt die Kekse in einem Spezialofen.

4. Man legt in die noch weichen Kekse einen Zettel mit einem Glücksspruch.

5. Man faltet den Keks in der Mitte zusammen und formt dann einen Halbmond.

6. Man trocknet die Kekse an der Luft in einer speziellen Halterung.

1 Beschreibe die Herstellung von Glückskeksen mit Hilfe von Passivsätzen. Schreibe in dein Heft.

TIPP

Diese Wörter helfen dir, die Beschreibung des Rezepts zu gliedern:
*zu Beginn/
am Anfang
dann
danach
anschließend
am Ende/
zum Schluss/
schließlich*

2 Lies die Sätze. Wer könnte hier was tun? Setze die Sätze ins Aktiv, indem du mögliche Subjekte einfügst.

Ein Glückstag!

Das Lieblingslied wird gespielt.

Das Radio spielt

Die Zeitung wird pünktlich geliefert.

Die Zeitung liefert.

Der Lieblingsfilm wird gezeigt.

Gezeigt wird der Lieblingsfilm.

Das Finale wird gewonnen.

Das Finale gewinnt.

Leben auf dem Mars wird entdeckt.

Entdeckt wird das Leben auf dem Mars.

Ein Schiffbrüchiger wird gerettet.

Gerettet wird ein Schiffbrüchiger.

3 Forme die folgenden Aktivsätze in Passivsätze um.

Physiker lüften das Geheimnis von Loch Ness.

Das Geheimnis von Loch Ness wird

Bergsteiger erreichen den höchsten Gipfel.

Den höchsten Gipfel erreichen die

Schüler gewinnen den Mathematikwettbewerb.

Den Mathematikwettbewerb gewinnen die

Teste dich selbst!

Wortarten/Aktiv und Passiv verwenden

1 a) Suche für jede Wortart drei passende Beispiele aus dem Text.
Trage sie richtig in die Tabelle ein und beachte die Groß- und Kleinschreibung.
Notiere Nomen mit ihrem Artikel.

/9

PECH ODER GLÜCK?

FÜR VIELE GILT FREITAG DER 13. ALS SCHLIMMER UNGLÜCKSTAG. ABER DAS IST NUR EIN ALTER ABERGLAUBE: AN EINEM FREITAG DEM 13. GIBT ES NICHT MEHR UNGLÜCKSFÄLLE ALS AN ANDEREN TAGEN. UND DIE LOTTOGESELL-SCHAFTEN HABEN UMSO MEHR FREUDE: IHR UMSATZ STEIGT, WEIL VIELE LEUTE MEINEN, AUSGERECHNET DIESER TAG BRINGE IHNEN GROSSES GLÜCK. KEIN WUNDER, DENN BEI DER ERSTEN ZIEHUNG IN DEUTSCHLAND IM JAHR 1955 ZEIGTE DIE ERSTE KUGEL EINE 13.

Nomen	Adjektive	Verben
Freitag	schlimmer	geben
Unglückstag	alter	haben
Aberglaube	steigt	bringen

Artikel	Pronomen	Präpositionen

b) Wie viele Nomen enthält der Text insgesamt?

/3

Der Text enthält _____ Nomen.

2 a) Aktiv oder Passiv? Bestimme die folgenden Sätze und kreuze an.

/4

	Aktiv	Passiv
1. Viele Menschen suchen das große Glück.		
2. Das Glücksgefühl wird durch Lachen gefördert.		
3. Durch häufiges Lachen wird das Denkvermögen angekurbelt.		
4. Glücksforscher untersuchen die Wirkung des Lachens.		

b) Forme Satz 3 um: Steht er im Aktiv, setze ihn ins Passiv oder umgekehrt.

/2

_____

_____

Gesamt:

/18

Satzglieder bestimmen

Satzglieder bestimmen

- Die Satzglieder kann man erfragen:
  Subjekt: *Wer? Was?*
  Prädikat: *Was geschieht? Was tut jemand?*
  Dativ-Objekt: *Wem?*
  Akkusativ-Objekt: *Wen? Was?*
- Mit der **Umstellprobe** kann man feststellen, aus welchen festen Bausteinen ein Satz besteht. Wörter und Wortgruppen, die immer zusammenbleiben, nennt man **Satzglieder**.

1 a) Lies den Text.

Durch die Hitze des Tages

Schlangen in der Wüste sind grundsätzlich keine Seltenheit. (Subjekt) Aber nur einmal im Jahr windet sich ein ganz besonderes Exemplar durch die marokkanische Sahara: (Prädikat) Seit 1986 wollen Extremsportler aus aller Welt beim „Marathon des Sables" den Sieg erringen. (Subjekt und Akkusativ-Objekt) Die Sportler müssen innerhalb von sieben Tagen bei Temperaturen von bis zu 40 Grad sechs Etappen absolvieren. (Akkusativ-Objekt) Hierbei müssen sie Tages-Teilstücke zwischen 20 und 40 km Länge meistern. (Akkusativ-Objekt) Verpflegung und ihre gesamte Ausrüstung müssen die Sportler mit sich tragen. (Subjekt) Ihnen werden lediglich Wasser und ein Zelt zur Verfügung gestellt. (Dativ-Objekt)

b) Unterstreiche in jedem Satz die Satzglieder, die in Klammern genannt werden. Nimm dabei die Fragewörter zu Hilfe, z. B.:
Subjekt: Wer ist in der Wüste keine Seltenheit? → Schlangen

2 a) Unterstreiche im folgenden Satz alle Satzglieder mit unterschiedlichen Farben.

Der Wüstenmarathon bedeutet vielen Sportlern alles.

b) Stelle die Satzglieder so um, dass ein weiterer sinnvoller Satz entsteht.

_____

_____

c) Denke dir einen weiteren Satz aus, der ein Subjekt, ein Prädikat, ein Akkusativ- und ein Dativ-Objekt enthält.

_____

_____

TIPP
Verwende eins der folgenden Verben:
geben
schreiben
schenken
mitteilen
versprechen

Adverbiale Bestimmungen verwenden

Adverbiale Bestimmungen

Adverbiale Bestimmungen sind Satzglieder, mit denen man nähere Angaben zu einem Geschehen machen kann:

- zum **Ort** (z.B. *in der Luft*) – *Wo? Wohin? Woher?*
- zur **Zeit** (z.B. *im Oktober*) – *Wann? Wie lange? Wie oft?*
- zur **Art und Weise** (z.B. *mit viel Mut*) – *Wie? Womit?*
- zum **Grund** (z.B. *wegen des starken Windes*) – *Warum? Wozu?*

1 Lies den Text und unterstreiche alle adverbialen Bestimmungen farbig: **rot**: adverbiale Bestimmung zum Ort, **blau**: adverbiale Bestimmung zur Zeit, **grün**: adverbiale Bestimmung zur Art und Weise, **gelb**: adverbiale Bestimmung zum Grund.

König der Lüfte

Aufgrund von Höhenangst spüren viele Menschen gerne den Boden unter den Füßen. (Warum? Wie?) Das scheint für den französischen Fallschirmspringer Michel Fournier nicht zu gelten, denn er hat vor, aus 40 Kilometer Höhe abzuspringen. (Woher?) Selbst große Düsenflugzeuge fliegen in einer
5 Reisehöhe von nur zehn Kilometern. (Wo?) Der 64-jährige Franzose will mit Hilfe eines Ballons die Absprunghöhe erreichen und erst nach fünfeinhalb Minuten seinen Schirm öffnen. (Wie? Wann?) Mit etwas Glück wäre Fournier dann gleich mehrfacher Weltrekordler. (Wie?) Er hätte dann nicht nur den Sprung aus der größten Höhe überlebt, sondern auch den schnellsten Fall.
10 Im Mai 2008 soll das lebensgefährliche Experiment in Kanada starten. (Wann? Wo?)

> **TIPP**
> Die Fragewörter am Ende jedes Satzes helfen dir dabei.

2 Bei den folgenden Sätzen kannst du mit Hilfe passender adverbialer Bestimmungen genauere Angaben machen.

a) Erweitere die Sätze und schreibe sie neu auf.

Michel Fournier will die Absprunghöhe erreichen. (Art und Weise)

Michel Fournier will die Absprunghöhe mit Hilfe eines Ballons erreichen.

Er will seinen Schirm öffnen. (Zeit)

_____

Das Experiment soll durchgeführt werden. (Zeit und Ort)

_____

Viele Menschen spüren gerne den Boden unter den Füßen. (Grund)

_____

b) Unterstreiche alle adverbialen Bestimmungen mit unterschiedlichen Farben.

Nachdenken über Sprache: Satzglieder

39

3 Über den Sprung von Michel Fournier wurde in den Zeitungen berichtet.
Lies dazu die Meldung.

Vom Winde verweht

OTTAWA (Kanada). Der französische Abenteurer Michel Fournier (64) ist gestern mit seinem Weltrekordversuch gescheitert. Er wollte aus 40 Kilometer Höhe mit einem Fallschirm abspringen und die Schallmauer durchbrechen.

Bei dem Experiment löste sich kurz vor dem Start der Heliumballon und flog davon. Der Franzose konnte damit seinen großen Traum nicht verwirklichen. Er äußerte sich bisher nicht über einen erneuten Start.

4 a) Unterstreiche auch in diesem Text alle adverbialen Bestimmungen farbig.
(rot: adverbiale Bestimmung zum Ort, blau: adverbiale Bestimmung zur Zeit, grün: adverbiale Bestimmung zur Art und Weise, gelb: adverbiale Bestimmung zum Grund)

b) Den Text kannst du wirkungsvoller gestalten, indem du die Satzglieder sinnvoll umstellst und damit gleiche Satzanfänge vermeidest. Überarbeite den Text und schreibe ihn neu auf.

Vom Winde verweht

INFO

Bei einer Zeitungsmeldung steht häufig die Zeitangabe am Anfang des ersten Satzes. Auch bei den übrigen Sätzen steht das Wichtigste oder Bedeutendste am Satzanfang.

Teste dich selbst!
Satzglieder bestimmen

1 a) Bestimme alle Satzglieder in den folgenden Sätzen. Kennzeichne sie so:
S für Subjekt, P für Prädikat, O für Objekt und AB für adverbiale Bestimmung. /12

b) Untersuche die Objekte mit Hilfe der Fragewörter näher.
Handelt es sich um ein Dativ-Objekt oder ein Akkusativ-Objekt?
Ergänze in den Kästchen unter den Objekten vor dem O ein D oder A. /4

2 Unterstreiche in den folgenden Sätzen die adverbialen Bestimmungen
mit unterschiedlichen Farben: Zeit? Ort? Art und Weise? Grund? /6

Torjagd unter dem Eis

Unter dem österreichischen Weißensee findet jedes Jahr ein ganz besonderes Eishockey statt. Mit Hilfe von Schwimmflossen jagen die Hockeyspieler unter dem Eis dem Puck hinterher. Zum Luftschnappen tauchen die Spieler alle 30 Sekunden auf.

Gesamt: /22

Sätze verbinden

INFO

Hauptsatz-Konjunktionen sind:
und, oder, aber, doch, denn.
Adverbien sind:
dann, danach, anschließend, auch, folglich, deshalb, trotzdem.
Nebensatz-Konjunktionen sind:
weil, als, nachdem, bevor, obwohl, während, falls, wenn, indem, dass, sodass, damit.

❗ Satzreihen und Satzgefüge verwenden

- Wenn Hauptsätze durch **Konjunktionen** (Bindewörter) oder **Adverbien** miteinander verbunden sind, entsteht eine **Satzreihe**. Vor den Hauptsatz-Konjunktionen *doch, aber, sondern* und *denn* muss ein Komma stehen, z.B.: *Ich gehe nach Hause. Es ist spät.* → *Ich gehe nach Hause,* **denn** *es* **ist** *spät.*
- Die Verbindungen von Haupt- und Nebensatz nennt man **Satzgefüge**. Nebensätze beginnen oft mit einer **Konjunktion**. Die Grenze zwischen Haupt- und Nebensatz wird durch ein Komma markiert, z.B.: *Ich gehe nach Hause,* **weil** *es spät* **ist**.

---

1 a) Lies den ersten Teil des Textes und schreibe passende Konjunktionen in die Lücken.

Machen Tiere Urlaub?

Viele Tiere können auf eine Auszeit verzichten, _____ sie im Normalfall keine

anstrengenden Pflichten haben. Das ist bei Arbeitstieren etwas anderes.

Elefanten in Indien zum Beispiel verstehen keinen Spaß, _____ es um ihren

Feierabend geht. Ihr Tagesablauf ist auf die Minute geregelt, _____ sich

Arbeits- und Ruhephasen angemessen abwechseln. Morgens um vier holt ein

Arbeiter die Elefanten aus dem Dschungel, er füttert sie _____ er badet sie.

Dann wird bis um zehn gearbeitet, _____ anschließend wird die Sonne zu

heiß.

b) Umkreise die Hauptsatz-Konjunktionen rot und die Nebensatz-Konjunktionen grün.

c) Überprüfe die Satzstellung des Prädikats und ergänze die folgende Regel:

Im Hauptsatz bleibt das Prädikat an der _____ Stelle, im Nebensatz steht

es _____ .

2 Verknüpfe in der Fortsetzung des Textes jeweils die zwei aufeinander folgenden Sätze mit geeigneten Konjunktionen und schreibe den Text neu in dein Heft.

Die heiße Mittagshitze wird vermieden. ◆ Die Elefanten halten bis zwei oder vier Uhr nachmittags eine Siesta*. Danach langt der Elefant noch einmal richtig zu. ◆ Er kann dann in seinen wohlverdienten Feierabend gehen. Die Elefanten-führer halten sich peinlich genau an den vereinbarten Wochenablauf. ◆ Sie sind von der Arbeitskraft ihrer Elefanten abhängig.

die Siesta (ursprünglich span.): der Mittagsschlaf

Nachdenken über Sprache: Satzarten

Adverbialsätze (adverbiale Nebensätze) verwenden

Nebensätze, in denen adverbiale Bestimmungen umschrieben werden, nennt man **Adverbialsätze**, z. B.:

Wegen eines Unwetters *fiel das Spiel gestern aus.* (adverbiale Bestimmung zum Grund: *Warum?*)

Weil es ein Unwetter gab, *fiel das Spiel gestern aus.* (Kausalsatz: *Warum?*)

3 Forme die Satzpaare in Satzgefüge um.

Warum hat ein Zebra Streifen?

Mit den Streifen ist das Zebra bestens getarnt. Die Streifen sind sehr auffällig. (konzessiv)

_____

_____

In Afrika fängt die Luft zu flirren an. Der Boden wird immer heißer. (kausal)

_____

_____

Die Umrisse des Zebras verschwinden. Die flirrende Luft steigt auf. (temporal)

_____

_____

INFO

Es gibt verschiedene Arten von Adverbialsätzen. Du erkennst sie an der einleitenden Konjunktion, z. B.:
temporal (Zeit): *als, bevor, nachdem, wenn*
kausal (Grund): *weil, da*
konzessiv (Gegengrund): *obwohl, obgleich*
modal (Art und Weise): *indem, dadurch, dass*

4 a) Forme die markierten adverbialen Bestimmungen in einen passenden Adverbialsatz um. Schreibe die Satzgefüge auf.

Trotz der einheitlichen Streifen sieht jedes Zebra anders aus.

_____

_____

Durch ihr besonderes Fell sind viele andere Tiere in der Wildnis geschützt.

_____

_____

b) Denke dir zwei weitere Satzgefüge mit Adverbialsätzen aus und schreibe sie in dein Heft.

Relativsätze verwenden

INFO

Die Information, die ein Relativsatz gibt, kann sich auf ein einzelnes Wort oder eine Wortgruppe beziehen.

❗ Relativsätze verwenden

Nebensätze, die ein Nomen (Bezugswort) näher erklären, nennt man **Relativsätze**. Sie folgen dem Nomen meistens direkt und beginnen mit einem **Relativpronomen** (*der/die/das* oder *welcher/welche/welches*).

- Ein Relativsatz wird immer durch ein Komma vom Hauptsatz abgetrennt, z. B.: *Wir lachen über einen Witz***, der** *uns gut gefallen hat.*
- Wird ein Relatvisatz in einen Satz eingeschoben, dann setzt man vor und hinter dem Relativsatz ein Komma, z. B.:
  *Der Witz***, der** *gerade erzählt wurde***,** *bringt uns zum Lachen.*

1 Der folgende Text enthält einige Relativsätze.
Umkreise die Relativpronomen und unterstreiche die Wörter, auf die sie sich beziehen.

Können Tiere lachen?

Tiere, die gackern oder wiehern, scheinen sich wie Menschen über etwas zu freuen. Doch nur der Schimpanse, der wie der Mensch über Lachmuskeln verfügt, kann das Gesicht zu einem Lachen verziehen. Hierbei können Schimpansen herzhaft quieken, sich den Bauch halten und über etwas lachen, das ihnen Freude bereitet hat.

2 a) Forme jeweils den zweiten Hauptsatz in einen Relativsatz um.
Füge ihn an der Stelle ◆ in den ersten Hauptsatz ein. Schreibe in dein Heft.

Delfine ◆ verständigen sich eigentlich über hundert Seemeilen mit ihren Artgenossen. Delfine quieken vergnügt vor sich hin.

Hunde ◆ erhoffen sich dadurch nur eine leckere Belohnung. Hunde zeigen ihre Zähne und scheinen zu lächeln.

Viele Haustiere ◆ scheinen Sinn für Humor zu haben. Viele Haustiere sind lustig und verspielt.

Schadenfreude ◆ ist aber bei keinem Tier bekannt. Schadenfreude ist für den Menschen typisch.

b) Denke dir drei weitere Relativsätze aus. Verwende Relativpronomen im Akkusativ (*den, die*), im Dativ (*dem, der*) oder im Genitiv (*dessen*).

c) Umkreise das Relativpronomen und unterstreiche die Wörter, auf die es sich bezieht, z. B.:

Am Flussufer lebt ein Fuchs, den wir schon ein paarmal getroffen haben.

Teste dich selbst!

Sätze verbinden/Relativsätze verwenden

1 a) Ergänze in dem Text die fehlenden Konjunktionen. /5

Tierisch clever

Wüstenfüchse haben lange Ohren, _____ sie die Affenhitze besser

aushalten. Der Körper kühlt nämlich ab, _____ sie die Riesenlauscher in

den Wind halten. Am Kopf von Schneehasen lugen dagegen nur daumengroße

Ohren aus dem Fell, _____ im bitterkalten Eis verlieren sie so weniger

Wärme. US-Forscher fanden heraus, _____ regelmäßiges Sonnenbaden

den Wüstenfüchsen die Ohren langzieht. Diese werden immer länger, _____

die hohen Temperaturen wie ein Wachstumsmittel wirken.

b) Welcher Satz ist kein Satzgefüge, sondern eine Satzreihe? Markiere ihn farbig. /2

c) Schreibe den letzten Satz so auf, dass eine Satzreihe entsteht. /2

_____

_____

2 Verknüpfe die beiden Sätze, indem du den zweiten Satz in einen Relativsatz /4
umwandelst.

Die meisten Tiere tarnen sich durch die Farbe ihres Fells. Die Tiere leben in
der Wildnis.

_____

_____

Manche Tiere sind kaum zu erkennen. Die Tiere haben sich ihrer Umgebung
angepasst.

_____

_____

Gesamt:

/13

Wörter mit langen Vokalen richtig schreiben

INFO

Ein paar Wörter mit langem betontem *i* werden mit einfachem *i* geschrieben, z. B.:
dir
mir
die Apfelsine
das Benzin
die Fibel
der Igel
die Krise
die Maschine
die Rosine
der Tiger

TIPP

Lerne die Wörter der Info auswendig und übe die Schreibung.

Wörter mit langen Vokalen richtig schreiben

Zu den meisten Wörtern mit betontem langem Vokal steht ein **einfacher Vokal**, z. B.: *der Wagen, das Leder, fragen, gut*

Die Länge des betonten Vokals kann aber auch angezeigt werden durch:
- ein **Dehnungs-h** vor den Buchstaben *l, m, n, r*, z. B.:
  der Stuhl, der Rahmen, der Sohn, fehlen, gefährlich
- die **Doppelvokale** *aa*, *ee*, *oo*, z. B.:
  der Saal, leer, das Boot
- ein *ie* bei lang gesprochenem *i*, z. B.:
  die Liebe, fliegen, ziemlich

1 Fußball ist zu langweilig? Hier sind ein paar andere gute Ideen.

Allein im weiten Flur

Dielenbowling
Neun leere Plastikflaschen aufstellen und mit einem alten Tennisball kegeln. Vorsicht: Krise mit Nachbarn möglich.

Läuferschlittern
Anlauf nehmen und auf einer Fußmatte oder einem Läufer durch den Korridor schlittern.

Flurgolf
Mit Besen Tischtennisbälle in fremder Leute Schuhe einlochen. Anschließendes Einsammeln unvermeidlich.

Garderobenbasketball
Die Hutablage dient als Korb. Vorsichtshalber nur mit Softball spielen.

a) In den Sätzen sind viele Wörter mit betontem langem Vokal enthalten. Unterstreiche jeweils drei Wörter, die mit einem einfachen Vokal geschrieben werden, zwei Wörter mit Dehnungs-*h* und drei Wörter mit *ie*.

b) Übertrage die Tabelle in dein Heft und trage die Wörter in die passende Spalte der Tabelle ein. Schreibe Nomen mit Artikel auf.

Wörter mit einfachem Vokal	Wörter mit Dehnungs-*h*	Wörter mit *ie*
…	…	…

c) Unterstreiche bei allen Wörtern die betonten langen Vokale mit verschiedenen Farben.

d) Ergänze in jeder Gruppe drei weitere passende Wörter. Markiere auch hier die Schreibungen.

e) Ein Wort im Text hat einen betonten langen Vokal, passt aber nicht in die Tabelle. Umkreise es.

2 Welche verwandten Wörter gehören zusammen?

a) Vervollständige die Wörter, indem du *ah, eh, oh, uh, äh, öh,* oder *üh* ergänzt.

ern_äh_ren   F____re   *ernähren, Nahrung* _____

fr____   N__t   _____

f____ren   ber____mt   _____

gew____nen   Ausn____me   _____

n____en   N_ah_rung   _____

n____men   gew____nt   _____

R____m   fr____lich   _____

> **INFO**
> Bei verwandten Wörtern schreibt man den Wortstamm gleich, z.B.: *der **Strahl**, **strahl**en, be**strahl**t.* Der Vokal im Wortstamm kann sich dabei ändern, z.B.: *die **Zahl**, z**ähl**en, z**ähl**bar*

b) Suche zu jedem Wort in der linken Spalte ein verwandtes in der rechten Spalte und verbinde sie.

c) Schreibe das verwandte Wortpaar auf.

d) Denke dir zu mindestens drei Wortpaaren jeweils einen Satz aus, in dem beide Wörter vorkommen. Schreibe die Sätze in dein Heft.

z.B.: *Menschen, die sich vegetarisch ernähren, müssen besonders darauf achten, dass ihre Nahrung genügend Eiweiß enthält.*

3 Im folgenden Text fehlen Wörter mit langen Vokalen.

a) Ergänze passende Wörter und orientiere dich an der Schreibung der verwandten Wörter aus derselben Wortfamilie. Achte auf die Zeitform.

Der schwarze Peter, ein echter Räuber

Wer am Schluss den schwarzen Peter, eine Karte mit schwarzer _____

(markieren), in den Händen hält, der hat das_____ (spielen) verloren. Erfunden

hat das _____ (spielen) der _____ (die Berühmtheit) Räuber Peter

Petri. Mit 40 _____ (jährlich) wurde Petri, der 1752 geboren wurde, zum Räuber.

Fast 20 _____ (jährlich) lang _____ (der Halt) Petri die Behörden in Atem, bis

die Franzosen ihn _____ (die Festnahme). Die _____ (strafen)

musste Petri in einem Gefängnis in Paris absitzen, wo er aus purer Langeweile

das _____ (spielen) mit dem schwarzen Peter erfand.

b) Unterstreiche in jedem Lückenwort den betonten langen Vokal.

Wörter mit kurzen Vokalen richtig schreiben

INFO
Durch Zusammensetzung können Wörter mit drei Konsonanten entstehen, z. B.:
*das Schiff + die Fahrt =
die Schifffahrt*

> **! Wörter mit kurzen Vokalen richtig schreiben**
>
> Nach einem betonten kurzen Vokal folgen meist zwei Konsonanten, z. B.:
> *die Wand, der Kasten, finden, bunt*
> - Wenn ein Wort einen betonten kurzen Vokal hat und man nur **einen Konsonanten** hört, dann wird dieser **verdoppelt**, z. B.:
>   *die Puppe, der Hammer, retten, sonnig*
> - Nach einem betonten kurzen Vokal wird **ck** (statt *kk*) und **tz** (statt *zz*) geschrieben, z. B.:
>   *die Hecke, packen, eckig, der Schatz, hetzen, kratzig*

1 Doppelkonsonant oder einfacher Konsonant? Ergänze den fehlenden Buchstaben oder streiche die Lücke durch.

Wo Tan__zen Erleuchtung brin__gt

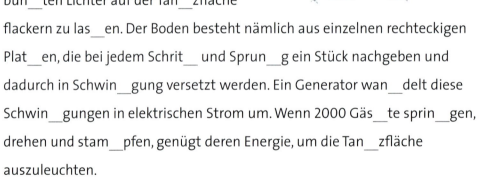

Wer nicht das Tan__zbein schwin__gt, hat in der Diskothek „Wat__" in der niederländischen Stadt Rotterdam düstere Aussichten. Hier müs__en die Partygäste Fuß anlegen, um die bun__ten Lichter auf der Tan__zfläche flackern zu las__en. Der Boden besteht nämlich aus einzelnen rechteckigen Plat__en, die bei jedem Schrit__ und Sprun__g ein Stück nachgeben und dadurch in Schwin__gung versetzt werden. Ein Generator wan__delt diese Schwin__gungen in elektrischen Strom um. Wenn 2000 Gäs__te sprin__gen, drehen und stam__pfen, genügt deren Energie, um die Tan__zfläche auszuleuchten.

2 a) Suche zu jedem Verb möglichst viele verwandte Wörter. Schreibe in dein Heft und notiere Nomen mit ihren Artikeln.

nutzen, sitzen, blitzen, kratzen, stecken, wecken, entdecken, glücken

z. B.: *nu̇tzen – nü̇tzlich, der Nu̇tzer,*

b) Markiere bei jedem Wort den betonten kurzen Vokal mit einem Punkt.

c) Denke dir zehn Zeitungsmeldungen aus, in denen jeweils ein bis zwei der Wörter auftauchen. Schreibe in dein Heft.

z. B.: *Endlich eckige Lockenwickler! / Macht Blitzkarriere glu̇cklich?*

Richtig schreiben

48

s-Laute richtig schreiben

> **❗ s-Laute unterscheiden**
>
> - Ein ß steht **nur nach einem betonten langen Vokal** oder **Diphthong** (**Doppellaut**), z. B.: *die Straße, der Fuß, heißen, mäßig*
> - Ein ss (stimmlos) steht **nur nach einem betonten kurzen Vokal**, z. B.: *der Sessel, die Kasse, küssen, lässig*

INFO

Doppellaute (Diphthonge) sind *au, eu, äu und ei.*

1 a) Markiere in den Wörterpaaren die betonten langen Vokale und Doppellaute mit einem _ und die betonten kurzen Vokale mit einem .

b) Setze bei den Wörterpaaren *ss* oder *ß* richtig ein.

flie___en – der Flu___   gie___en – der Gu___

schie___en – der Schu___   rei___en – der Ri___

grü___en – der Gru___   bei___en – der Bi___

genie___en – der Genu___   schlie___en – das Schlo___

INFO

Der s-Laut kann sich innerhalb einer Wortfamilie ändern, wenn der kurze Vokal zu einem langen Vokal wird oder umgekehrt, z. B.: *verdrießen – der Verdruss messen – das Maß*

c) Ein Wörterpaar ist anders „gebaut" als die anderen. Umkreise es.

2 Ergänze zu den folgenden Verben jeweils ein verwandtes Nomen und Adjektiv.

messen: *das Maß,* _____

beschließen: _____

3 Schreibe zu den folgenden Sätzen jeweils einen passenden im Perfekt auf. Markiere den veränderten s-Laut.

Heute fließen im Kino oft viele Tränen.

Früher _____

_____

Heute schließen viele Geschäfte erst um 22:00 Uhr.

Früher _____

_____

Heute genießen viele ihren Urlaub in fremden Ländern.

Früher _____

_____

TIPP

Früher – heute? Hier sind ein paar Schreibideen: Kino – beim Geschichten- erzähler 22:00 Uhr – 18:00 Uhr in fremden Ländern – im eigenen Land

Richtig schreiben

49

Teste dich selbst!

Wörter genau aussprechen und richtig schreiben

/4

1 Im folgenden Text sind acht Wörter mit langen oder kurzen Vokalen falsch geschrieben.

a) Lies den Text und unterstreiche die Fehlerwörter.

/4

b) Korrigiere jedes Wort und schreibe es berichtigt an den Rand.

Schlaue Energiesparer

Schnecken, Schlangen und Frösche sind Meisster im Energiesparen: Sie verpasen den Winter und verbrinngen die kalte Jahreszeit in einer Winterstare. Schlangen können lange ohne Narung auskommen – bis zu einem Jahr. Die Blumenfledermaus muss Nährstofe nicht speichern und kann sie schnell in Energie umwanndeln. Stehen ihr aber nicht genug zur Verfühgung, verliert sie bis zur Hälfte ihres Gewichts an nur einem Tag.

Korrektur

/7

2 Füge *ss* oder *ß* in die Lücken ein.

Kleines Energiewunder

Die „Rose von Jericho" sieht auf den ersten Blick ziemlich hä___lich aus,

schlie___lich scheint sie schon seit Langem vertrocknet zu sein. Die wenig

attraktive Wüstenpflanze kann jahrelang ohne Wa___er auskommen. Dann rollt

sie sich zusammen und lä___t sich durch die Wüste wehen. Wer sie aber findet,

kann sie so oft aufblühen und wieder austrocknen la___en, wie er möchte. Dafür

mu___ man nur kaltes oder warmes Wa___er über die Pflanze gie___en. Schon

nach kurzer Zeit sieht die „Rose von Jericho" viel be___er aus: Triebe sprie___en

und werden immer grüner. Man wei___ heute, da___ die Rose früher als heilige

Gesamt:

/15

Pflanze verehrt wurde. Au___erdem glaubte man, da___ jeder Besitzer Glück,

Gesundheit und Reichtum erlebt.

Den Wortaufbau als Rechtschreibhilfe nutzen

> **Ableitungen und Zusammensetzungen**
> - **Ableitungen** bestehen aus einem Wortstamm, an den Präfixe (Vorsilben) oder / und Suffixe (Nachsilben) angefügt werden, z. B.:
>   *ach**t**en: die **Acht**ung* (Suffix: *-ung*), *b**e**achten* (Präfix: *be-*)
>   Der Wortstamm wird bei allen Wörtern einer Wortfamilie gleich geschrieben, z. B.: *ver**acht**en, **acht**los, Be**acht**ung, ge**acht**et*
> - **Zusammensetzungen** bestehen aus mindestens zwei Wörtern, z. B.:
>   *der Wetterfrosch, mittelgroß, rosarot*
>   Einige Zusammensetzungen enthalten ein **Fugenelement**, z. B.:
>   *der Rettung-**s**-ring, der Welle-**n**-brecher, der Pferd-**e**-stall*

INFO
Bei verwandten Wörtern einer Wortfamilie können Vokale zu Umlauten werden, z. B.:
*der **Gru**ß – ge**grü**ßt*
*st**a**rk – die St**ä**rke*
*gr**o**ßartig – ver**grö**ßern*

1 a) Schreibe alle Wörter, die in eine Wortfamilie gehören, in Gruppen auf. Schreibe in dein Heft und unterstreiche den Wortstamm.

b) Ein Wort passt in keine Wortfamilie. Streiche es durch.

eröffnen   das Gestell   anbinden   die Offenheit   das Kinn   die Bindung
fröhlich   die Kindheit   die Angestellte   kindisch   der Frohsinn

2 a) Ergänze die fehlenden Adjektive im folgenden Text.

Warum ist Schnee weiß?

Schnee besteht aus Wasser, und Wasser ist normalerweise _____ (die Farblosigkeit). Wir können also durch einen Regentropfen durchgucken, er ist _____ (die Durchsicht). Wenn aus Regen Schnee wird, gefrieren die Regentropfen zu _____ (die Winzigkeit), _____ (das Sechseck) Eiskristallen. Diese reflektieren an einem Wintertag wie kleine Spiegel das weiße Sonnenlicht. Dadurch sieht Schnee weiß aus, schneeweiß.

b) Schreibe zu den beiden Nomen drei verwandte Wörter auf. Notiere Nomen mit ihren Artikeln und unterstreiche bei allen Wörtern den Wortstamm.

das Wasser: _____

der Spiegel: _____

3 a) Schreibe alle zusammengesetzten Nomen aus Aufgabe 2 in dein Heft.

b) Zerlege jedes Nomen in seine Bausteine und schreibe sie auf, z. B.:
der Regentropfen = der Regen, der Tropfen

Suffixe für Nomen verwenden

> **Nomen an typischen Suffixen erkennen**
> Hat ein Wort eines der folgenden Suffixe, dann ist es ein Nomen und wird großgeschrieben:
> **-heit**, **-keit**, **-nis**, **-ung**, **-schaft**, **-ling**, **-(t)ion**, **-mus**, **-tur**, **-tum**

INFO
Präfixe (Vorsilben) sind Wortbausteine, die vor den Wortstamm gesetzt werden können, z. B.:
die **Ver**wandlung

1 Bilde aus den Präfixen und Verben mit Hilfe typischer Suffixe zehn Nomen. Schreibe sie mit ihren Artikeln auf.

be-	stellen	schaffen	teilen
er-	fahren	halten	sparen	scheinen
ver-	mischen	leuchten	arbeiten

die Bestellung, _____

_____

_____

TIPP
Achte auf Begleitwörter im Text. Sie können dir helfen, die Nomen zu finden. Begleitwörter können z. B. sein: Artikel, Adjektive, Mengenangaben.

2 a) Lies den Text. Unterstreiche alle Nomen. Umkreise zusätzlich die Nomen, die ein typisches Suffix besitzen.

WARUM SIND AUTOREIFEN SCHWARZ?

SO UNTERSCHIEDLICH DIE AUTOS AUCH SIND, EINES HABEN SIE ALLE GEMEINSAM: SIE HABEN SCHWARZE REIFEN. DER GRUND DAFÜR LIEGT IN DER HERSTELLUNG: EIN AUTOREIFEN BESTEHT AUS EINER GUMMIMISCHUNG. DIE GENAUE REZEPTUR IST EIN STRENG GEHÜTETES GEHEIMNIS DER HERSTELLER. ABER EINE ZUTAT IST BEKANNT: RUß. ER SORGT DAFÜR, DASS SICH DIE GUMMIMISCHUNG GUT VERBINDET, UND ER VERBESSERT DIE HALTBARKEIT DES REIFENS. UND DA RUß SCHWARZ IST, HAT DER REIFEN DIESELBE FARBE.

b) Schreibe den Text in der richtigen Groß- und Kleinschreibung in dein Heft.

3 Bilde aus den folgenden Wörtern mit Hilfe passender Suffixe Nomen. Notiere sie mit ihren Artikeln.

unterschiedlich: _____

verbindet: _____

Richtig schreiben

52

Suffixe für Adjektive verwenden

> **Adjektive an typischen Suffixen erkennen**
>
> Hat ein Wort eines der folgenden Suffixe, dann ist es meist ein Adjektiv und wird kleingeschrieben:
> *-ig, -isch, -lich, -sam, -bar, -los, -haft*

1 a) Bilde zu den folgenden Nomen mit Hilfe typischer Suffixe verwandte Adjektive und schreibe sie auf.

b) Verwende jedes Adjektiv in einem Beispielsatz. Schreibe die Sätze in dein Heft.

der Freund – die Sonne – der Traum – das Ende – die Stunde – der Neid – der Halt

der Freund – freundlich,

z.B.: *Das Haus besaß viele freundliche Zimmer.*

2 a) Lies den Text. Unterstreiche alle Adjektive, die ein typisches Suffix besitzen.

WARUM IST DER ROTE TEPPICH ROT?

BEI EINEM WICHTIGEN POLITISCHEN EMPFANG ODER EINER VERANSTALTUNG DARF DER ROTE TEPPICH NICHT FEHLEN. DIE ==WAHL== DER FARBE ERKLÄRT SICH AUS DER GESCHICHTLICHEN BEDEUTUNG DER FARBE ROT. DIE HERSTELLUNG DES FARBSTOFFS WAR LANGWIERIG UND DER FARBSTOFF KOSTBAR. DESHALB WAR ROT LANGE ==ZEIT== DEN GÖTTERN UND HERRSCHERN VORBEHALTEN. BEI HERRSCHAFTLICHEN EMPFÄNGEN ROLLTE MAN DANN EINEN TEPPICH MIT KÖNIGLICHEM ROT AUS. HEUTE IST DIE ==FARBE== FAST ALLTÄGLICH GEWORDEN.

b) Bilde aus den markierten Nomen mit Hilfe typischer Suffixe je zwei oder drei verwandte Adjektive. Notiere die Nomen mit ihren Artikeln.

die Wahl –

c) Verwende alle drei Adjektive, die du aus dem Nomen „Farbe" gebildet hast, in je einem Beispielsatz, in dem die Bedeutung des Adjektivs deutlich wird. Schreibe in dein Heft.

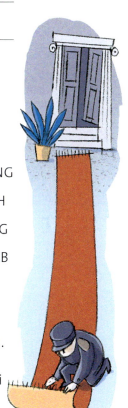

Teste dich selbst!

Wortbausteine erkennen

/ 4

1 Bilde acht zusammengesetzte Nomen. Notiere sie mit ihren Artikeln.

Wind Hütte Schlitten

Futter Hund Polizei

Korb Schoß

Leine

_____

_____

_____

/ 8

2 a) Unterstreiche in der folgenden Wörtergruppe alle Adjektive rot und alle Nomen blau.

GESPENSTIG ÄNDERUNG ANFÄNGLICH GEMEINHEIT

RUNDLICH TASTATUR HEILSAM NEIDISCH

TOURISMUS ÖRTLICH BEISPIELHAFT BRAUCHTUM

AUFFÄLLIG MITTEILSAM EIGENSCHAFT LIEBLOS

/ 4

b) Schreibe die Wörter in der richtigen Groß- und Kleinschreibung in dein Heft. Notiere Nomen mit ihren Artikeln.

/ 3

3 Schreibe zu jedem Verb drei Wörter auf, die zur selben Wortfamilie gehören. Notiere Nomen mit ihren Artikeln.

steigen: _____

fallen: _____

halten: _____

/ 6

4 Schreibe den Text in der richtigen Groß- und Kleinschreibung in dein Heft.

DIE GESTRIGE AUFSTELLUNG WAR TRAUMHAFT.

DIE SPIELER FREUTEN SICH ÜBER DIE STÜRMISCHE BEGRÜSSUNG.

ER WAR SEHR GLÜCKLICH, ALS SEINE MANNSCHAFT GEWANN.

DAS SPORTLICHE EREIGNIS BLIEB LANGE IN ERINNERUNG.

Gesamt:

/ 25

Richtig schreiben

54

Getrennt- und Zusammenschreibung

> **Verbindungen aus Nomen und Verb richtig schreiben**
> - Feste Verbindungen aus Nomen und Verb schreibt man meist **getrennt**, z. B.:
>   *Rad fahren, Interesse zeigen, Not leiden*
> - Werden Verbindungen aus Nomen und Verb nominalisiert, dann muss man sie **zusammen- und großschreiben**, z. B.:
>   *Beim Radfahren sang sie ein Lied. Die Hilfsorganisation beendet das Notleiden.*

INFO
Die folgenden Verben werden zusammengeschrieben, weil die Bedeutung des Nomens hier nicht mehr so wichtig ist:
*teilnehmen
stattfinden
sonnenbaden
heimfahren
schlussfolgern*

1 a) Schreibe mit Hilfe der Wörter im Kasten Verbindungen aus Nomen und Verb auf.

Verantwortung	schließen
Kritik	fahren
Bescheid	haben
Sport	übernehmen
Freundschaft	treiben
Auto	wissen
Wort	üben
Angst	halten

_____
_____
_____

b) Schreibe zu jeder Nomen-Verb-Verbindung einen Beispielsatz in dein Heft.

z. B.: *Viele möchten in ihrer Freizeit Sport treiben.*

2 Die folgenden Überschriften enthalten Nomen-Verb-Verbindungen. Schreibe diese so um, dass sie nominalisiert werden.

Profitänzer: „Wir tanzen Tango auf Hochhaus!"

      Neuer Supermarkt: Nie mehr Schlange stehen!

  Automesse: Endlich neue Modelle Probe fahren!

     Sollen schon Dreijährige Klavier spielen?

Profitänzer: Tangotanzen auf _____
_____
_____
_____

Richtig schreiben

55

> **Verbindungen mit *sein* richtig schreiben**
>
> - Verbindungen mit *sein* werden meist **getrennt** geschrieben, z. B.:
>   *fertig sein, da sein, traurig sein, vorbei sein, zurück sein, glücklich sein*
> - Werden Verbindungen mit *sein* nominalisiert, muss man sie **zusammen- und großschreiben**, z. B.:
>   *Der alten Frau blieb das Alleinsein erspart. Ein Traurigsein kannte sie nicht.*

1 a) Bilde aus den folgenden Wörtern Verbindungen mit *sein* und setze sie in die Lücken.

gefährlich – vorsichtig – heldenhaft – sportlich – mutig – wach

Scheinkämpfe und Fensterstürze

Dieser Beruf fordert vor allem eines:

Man muss sehr _____ _____.

Ob sie mit brennenden Autos fahren oder

eine Schlägerei anzetteln: In allen Situationen

müssen Stuntprofis _____ _____, damit sie bei Gefahr richtig

reagieren. Häufig kommt es zu Unfällen, weil viele nicht _____ _____.

Dieser Job kann sehr _____ _____, deshalb kommt es ganz besonders

auf eine gute Vorbereitung an. Von Vorteil ist es, wenn man _____

_____ und eine gute Körperbeherrschung besitzt. Auch wenn Stuntprofis

wirklich _____ _____, werden trotzdem nur wenige von ihnen richtig

berühmt.

b) Fasse wichtige Informationen zu dem Beruf des Stuntprofis zusammen. Schreibe zwei passende Sätze auf und verwende hierfür nominalisierte Verbindungen mit *sein*.

Bei einem Stuntprofi ist das _____ *besonders* _____

_____

_____

_____

Teste dich selbst!

Getrennt oder zusammen?

1 Getrennt oder zusammen? Streiche die falschen Schreibungen durch.

/ 9

Schule auf dem Meeresgrund

Marc muss jetzt stark sein/starksein und darf auf keinen Fall Angst haben/ angsthaben. Der Franzose wird zusammen mit Kollegen in einen Stahl-container eingeschlossen, der auf einem Schiff vor der Küste Marseilles ankert. Die Männer möchten an einer Schulung teil nehmen/teilnehmen, die tief unten auf dem Meeresboden statt findet/stattfindet: Sie werden zu Tauchern ausgebildet. Will man dabei sein/ dabeisein, muss man kerngesund sein/kerngesundsein. Vor den Herausforderungen sollte jeder Respekt haben/respekthaben: Die Ausbildung kann gefährlich sein/ gefährlichsein und man sollte einen langen Atem haben: Erst nach vier bis acht Wochen darf man heim fahren/heimfahren.

2 a) Bilde Verbindungen mit einem passenden Verb. Schreibe sie auf.

/ 6

Tango – Ball – Abschied – Anerkennung – Not - Interesse

_____

_____

b) Wähle zwei Verbindungen aus und bilde Nominalisierungen. Schreibe zwei passende Sätze dazu auf.

/ 4

_____

_____

_____

3 Bilde Nominalisierungen und verwende sie in ganzen Sätzen.

/ 3

allein sein – sonnenbaden – Sport treiben

_____

_____

_____

_____

Gesamt:

/ 22

Nomen großschreiben

> **! Nomen an typischen Suffixen erkennen**
>
> Endet ein Wort mit einem der folgenden Suffixe, dann ist es ein Nomen und wird **großgeschrieben**:
> *-heit, -keit, -nis, -ung, -schaft, -ling, -(t)ion, -mus, -tur, -tum.*

TIPP

Die Endung *-en/-n* entfällt bei der Umwandlung, z. B.: *wachsen – das Wachstum* Häufig müssen bei der Bildung von Nomen Buchstaben hinzugefügt werden, z. B.: *kennen – die Kenn + t + nis = die Kenntnis klein – die Klein + ig + keit = die Kleinigkeit*

1 **a)** Wandle die Verben und Adjektive mit Hilfe passender Suffixe in Nomen um. Schreibe sie mit ihren Artikeln auf und unterstreiche das Suffix.

richten: _____   schnell: _____

hindern: _____   fremd: _____

altern: _____   kurz: _____

umgeben: _____   hell: _____

b) Wandle auch die folgenden Wörter mit Hilfe von Suffixen in Nomen um. Schreibe sie in dein Heft und unterstreiche die Suffixe.

> *heiter, rechnen, wagen, klug, dankbar, erleben, kennen, sparsam, prüfen*

c) Verwende diese Nomen in Sätzen und schreibe sie in dein Heft.

TIPP

Achte darauf, ob das Nomen im Singular oder im Plural verwendet werden muss.

2 Wandle die Verben und Adjektive in Nomen um und fülle die Lücken aus.

Mission im All

Das war eine _____ (sensationell). Im Jahre 2006 verbrachte der

deutsche Astronaut Thomas Reiter insgesamt 167 Tage im All. Während des

Aufenthalts in dieser lebensfeindlichen _____ (umgeben) erledigte

er nicht nur verschiedene _____ (reparieren) an der Weltraumstation

ISS. Darüber hinaus nutzte er die _____ (schwerelos), um Experimente

durchzuführen. In schöner _____ (regelmäßig) bewegte er sich frei

schwebend im All. Das war für ihn eine faszinierende _____

(erfahren). Seine Experimente haben für die _____ (wissen) eine

große _____ (bedeuten). Mit Hilfe dieser _____

(untersuchen) wollen Forscher wichtige _____ (erkennen) über

den Gleichgewichtssinn des Menschen erhalten.

Begleitwörter als Erkennungszeichen von Nomen nutzen

Nomen kann man an ihren Begleitwörtern erkennen, z. B.:
- **Artikel**: bestimmte (*der, die, das*) und unbestimmte (*ein, eine*)
- **Adjektive**, z. B.: *schöne Kleider, kleine Fische*
- **Mengenangaben**, z. B.: *viele Bücher, einige Fragen*
- **Possessivpronomen**, z. B.: *mein Onkel, dein Heft*
- **Demonstrativpronomen**, z. B.: *dieses Hemd, dieser Stift*

Manche Nomen haben **versteckte Artikel**, z. B.: *fürs (für das), zum (zu dem)*.
Bei einigen Nomen braucht man **gedachte Artikel**, z. B.: *Ich mag (die) Ferien*.

1 Unterstreiche in den folgenden Textteilen die Nomen und bestimme die Begleitwörter. Schreibe die Textteile in der richtigen Schreibung in dein Heft.

ein ungewöhnlicher versuch

Begleitwörter: _____

seine vielen schlauen fragen

Begleitwörter: _____

dieses große weltweite interesse

Begleitwörter: _____

2 a) Unterstreiche im folgenden Text alle Nomen und umkreise alle vorhandenen Begleiter.

TEDDYBÄREN IM ALL

ANGEBLICH SIND UNGEWÖHNLICHE RAUMFAHRER VON ENGLAND AUS INS ALL GESTARTET. VIER TEDDYBÄREN WURDEN IN DEN WELTRAUM GESCHICKT. SIE TRUGEN MODERNE RAUMANZÜGE UND WAREN MIT MEHREREN KAMERAS, NAVIGATIONSGERÄTEN UND COMPUTERN AUSGESTATTET. IHRE ANZÜGE WAREN VON SCHÜLERN FÜR EIN WISSENSCHAFTSPROJEKT GESTALTET WORDEN. MAN WOLLTE HERAUSFINDEN, WAS FÜR EIN RAUMANZUG DIE TEDDYS IM ALL SCHÜTZT.

b) Schreibe den Text in der richtigen Groß- und Kleinschreibung in dein Heft.

Teddybären im All
Angeblich sind ungewöhnliche Raumfahrer

Nominalisierungen großschreiben

> **⚠ Adjektive und Verben werden zu Nomen**
>
> Nominalisierungen von Adjektiven und Verben kannst du genau wie alle anderen Nomen an ihren **Begleitern** erkennen (**Artikel**, **versteckte Artikel**, **Adjektive**, **Mengenangaben**, **Possessivpronomen**, **Demonstrativpronomen**), z. B.: *beim Laufen, das Schöne, viel Gutes, dein Zuhören, dieses Klingeln*

1 **a)** Nominalisiere die Adjektive und Verben. Schreibe die Nominalisierungen mit ihren Begleitwörtern auf.

Begleitwörter	Adjektive
etwas	gut
wenig	neu
nichts	schlimm
alles	alt

Begleitwörter	Verben
der/die/das	lachen
beim	tanzen
zum	baden
	sprechen

etwas Gutes, _____

_____

b) Verwende deine Verbindungen in Sätzen und schreibe sie in dein Heft.

2 Unterstreiche die Nominalisierungen und umkreise ihre Begleitwörter.

Eis auf dem Mond?

Etwas Interessantes vermuten amerikanische Forscher der NASA: Eis auf dem Mond. Da das Leuchten der Sonne nicht alle Krater erreicht, hält die NASA ein Vereisen dieser Krater für wahrscheinlich. Dieses Eis könnte durch das Einschlagen eines Kometen dort hingelangt sein. Das Entdecken des Mondeises könnte etwas Nützliches haben: Es soll sich für das Herstellen von Raketentreibstoff eignen.

3 Streiche die falschen Schreibweisen durch.

Schon vor Tausenden von Jahren kamen die Menschen beim Blick in den Himmel ins staunen/Staunen. Wenn die Hirten nachts bei ihren Schafen im freien/Freien lagerten und hoch/Hoch oben das leuchten/Leuchten der Sterne sahen, kamen sie regelmäßig ins grübeln/Grübeln. Das beobachten/Beobachten der Himmelsbilder regte ihre Fantasie an. Sie merkten schon früh/Früh, dass viele Sterne immer wieder die gleichen/Gleichen Wege am Himmel zurücklegten. Das war für sie etwas wunderbares/Wunderbares.

INFO

NASA steht für National Aeronautics and Space Administration (US-amerikanische Weltraumbehörde)

Zeitangaben schreiben – groß oder klein?

> **Zeitangaben groß- oder kleinschreiben**
>
> Wenn Zeitangaben als Nomen auftreten, werden sie **großgeschrieben**.
> Achte auf die Begleiter:
> - **Artikel**: *der Montag, am (an dem) Freitag, der Samstagabend*
> - **Zeitadverbien**: *heute Vormittag, gestern Abend, morgen Mittag*
>
> **Kleingeschrieben** werden:
> - **Zeitangaben mit -s** am Ende: *dienstags, morgens, samstagabends*
> - **Zeitadverbien**: *heute, gestern, morgen, übermorgen*

1 500 Millionen Menschen haben 1969 die erste Mondlandung gespannt im Fernsehen beobachtet. Lies den folgenden Bericht einer Zeitzeugin und ergänze die Zeitangaben in der richtigen Groß- und Kleinschreibung.

Es war _____ (AN EINEM SAMSTAG) im Juli 1969.

Ich erinnere mich noch, als wäre es _____ (GESTERN) gewesen.

_____ (SCHON FREITAGNACHT) konnte ich

vor Aufregung kaum schlafen. Als ich _____ (AM

SAMSTAGMORGEN) aufwachte, hatte ich nur einen Gedanken im Kopf: Der erste

Mensch wird _____ (HEUTE NACHT) den Mond betreten.

_____ (DEN GANZEN VORMITTAG) konnte

ich mich nicht richtig auf die Hausarbeit konzentrieren. Als ich _____

(MITTAGS) abspülte, überlegte ich, ob es auf dem Mond wohl Wasser gibt. Beim

Staubwischen _____ (AM NACHMITTAG) stellte ich mir vor,

dass unsere staubigen Regale mit kostbarem Mondstaub bedeckt seien.

2 Schreibe die Fortsetzung des Textes in dein Heft. Achte auf die richtige Groß- und Kleinschreibung der Zeitangaben.

GEGEN ABEND trafen wir uns endlich bei Freunden, um gemeinsam die Übertragung aus dem All im Fernsehen zu verfolgen. Wir wussten alle, dass DIESER TAG in die Geschichte eingehen würde. Als sich die Luke der Landefähre Eagle SPÄT NACHTS öffnete, starrten wir gebannt auf den Bildschirm. Neil Armstrong stieg die Leiter auf den Mond hinunter und sagte den berühmten Satz: „Das ist ein kleiner Schritt für mich, aber ein großer Schritt für die Menschheit." Da gab es für uns kein Halten mehr: Wir feierten DIE GANZE NACHT durch bis FRÜH MORGENS. Nur ich dachte still bei mir: „Vielleicht wirst du EINES TAGES auf dem Mond spazieren."

Teste dich selbst!

Groß oder klein?

/10

1 a) Unterstreiche im Text alle Nomen und umkreise ihre Begleiter.

TEENAGER ENTDECKT HIMMELSKÖRPER

DER 15 JAHRE ALTE POLE PIOTR BEDNAREK INTERESSIERT SICH FÜR

ASTRONOMIE UND SURFT IN SEINER FREIZEIT GERNE IM INTERNET. DESHALB

HAT ER SICH AUCH AUF DEN SEITEN DER UNIVERSITÄT IN ARIZONA

UMGESEHEN UND DIE AUFNAHMEN EINES TELESKOPS VERGLICHEN, DAS AUF

DEM GIPFEL EINES HOHEN BERGES STEHT. DABEI IST IHM ETWAS

AUFGEFALLEN – EIN NEUER HIMMELSKÖRPER! PIOTR WANDTE SICH AN DIE

UNIVERSITÄT, DIE SEINE ENTDECKUNG BESTÄTIGTE. SEIN NEUER HIMMELS-

KÖRPER TRÄGT NUN DEN NAMEN 2005 QK76.

/5

b) Schreibe den Text in der richtigen Groß- und Kleinschreibung in dein Heft.

/4

2 a) Verwende folgende Verben und Adjektive als Nomen.
Schreibe sie mit drei unterschiedlichen Begleitwörtern auf.
1. lachen   2. schön   3. wissen   4. wichtig

1. _____

2. _____

3. _____

4. _____

/2

b) Wähle zwei Nominalisierungen aus und schreibe zu jeder einen Beispielsatz auf.

1. _____

_____

2. _____

_____

Gesamt:
/21

Kommas in Aufzählungen und Satzreihen

Kommas in Aufzählungen und Satzreihen richtig setzen

Wenn man innerhalb eines Satzes Wörter oder Wortgruppen **aufzählt**, muss man sie durch ein **Komma** trennen.
- Vor **und** und **oder** steht in Aufzählungen **kein Komma**, z. B.:
  *Sie aßen, lachten, tanzten **und** gingen spät nach Hause.*

Wenn man zwei Hauptsätze miteinander verbindet, entsteht eine **Satzreihe**.
- Vor diesen Konjunktionen setzt man ein **Komma**: *denn, doch, aber, sondern*.
- Wenn Hauptsätze durch *und* oder *oder* verbunden werden, muss man kein Komma setzen, z. B.:
  *Möchtest du ins Kino gehen **oder** willst du lieber ins Theater?*

INFO
denn, doch, aber, sondern, und, oder nennt man auch **nebenordnende Konjunktionen**. Sie verbinden zwei gleichrangige Sätze. Die Wortstellung des zweiten Satzes wird nicht verändert.

1 Ergänze im folgenden Text alle fehlenden Kommas.

Wie sagt man der Queen „Guten Tag"?

Bei uns gibt man sich die Hand umarmt sich oder man drückt sich ein Küsschen auf die Wange. Aber es gibt noch viel mehr Möglichkeiten für die formvollendete Begrüßung bei Hofe auf dem Surfbrett oder im fernen Asien.

2 a) Schreibe mit Hilfe der folgenden Sätze eine Kurzbeschreibung mit der Überschrift „Begrüßungen – ganz unterschiedlich" in dein Heft.
Zähle dabei Wörter und Wortgruppen auf und setze die nötigen Kommas.

Pfadfinder	Besucher der englischen Königin
• reichen sich die linke Hand	• sind sehr höflich
• heben rechte Hand auf Schulterhöhe	• sind sehr zurückhaltend
• weisen mit drei Fingern nach oben	• machen als Frau einen Knicks
• legen Daumen auf kleinen Finger	• machen als Mann eine kleine Verbeugung

Begrüßungen – ganz unterschiedlich

Pfadfinder reichen sich die linke Hand,

b) Ergänze in deinem Text weitere Begrüßungen, die du kennst.
Setze dabei die nötigen Kommas.

3 Lies den Text. Verbinde immer zwei aufeinanderfolgende Sätze mit Hilfe passender Konjunktionen oder Adverbien. Setze nötige Kommas und schreibe den Text in deinem Heft neu auf.

Viele Ureinwohner Neuseelands drücken Stirn und Nase sanft aneinander. Sie wollen ihren Lebensatem austauschen. In Thailand möchte man oft seinen Respekt füreinander ausdrücken. Man hält aneinandergelegte Hände möglichst hoch am Oberkörper. Surfer geben sich nicht die Hand. Sie begrüßen sich mit geschlossener Faust, von der Daumen und kleiner Finger abgespreizt sind.

Das Komma in Satzgefügen

INFO
weil, damit, wenn, sodass, als, bevor, obwohl nennt man auch **unterordnende Konjunktionen**. Sie verbinden zwei Sätze so, dass sich die Wortstellung im zweiten Satz ändert. Es entsteht ein Nebensatz, bei dem das Prädikat am Satzende steht.

> **! Kommas in Satzgefügen richtig setzen**
>
> Die Verbindung von einem Hauptsatz und einem Nebensatz nennt man **Satzgefüge.**
> - Vor diesen Konjunktionen setzt man ein **Komma**: *weil, damit, wenn, sodass, als, bevor, obwohl*, z. B.:
>   *Wir begrüßen uns, **wenn** wir uns lange nicht gesehen haben.*
>   *Ich freute mich, **als** sie mir Blumen mitbrachte.*

1 Ergänze im folgenden Text die fehlenden Konjunktionen und setze die fehlenden Kommas.

Begrüßung einmal im Jahr

Freudig begrüßen wir das neue Jahr _____ es bei uns zu Silvester

Mitternacht wird. Wir feiern immer am 1. Januar _____ Papst Gregor der

XIII. vor etwas mehr als 400 Jahren diesen Tag als Jahresanfang festgelegt hat.

Dieser Papst verwendete das Sonnenjahr mit zwölf Monaten und 365 Tagen

_____ er seinen Kalender bestimmte.

2 Verbinde jeweils zwei Sätze mit Hilfe einer Konjunktion zu einem Satzgefüge. Schreibe in dein Heft und setze die nötigen Kommas.

In China feiert man Silvester Ende Januar oder Anfang Februar. Dort richtet man sich nach dem Mondkalender.

Ein Mondmonat hat ungefähr 29,5 Tage. Ein Mondjahr ist kürzer als ein Sonnenjahr.

Das chinesische Jahr wäre ständig zu kurz. Die Chinesen würden sich nur nach dem Mond richten.

Alle drei Jahre fügen die Chinesen einen Monat hinzu. Der Unterschied zum Sonnenjahr wird ausgeglichen.

In China feiert man Silvester Ende Januar oder Anfang Februar, weil ...

3 Wie feierst du das Silvesterfest?
Schreibe passende Sätze in dein Heft. Verwende dabei sinnvolle Konjunktionen und setze nötige Kommas.

Silvester treffe ich mich mit meiner Familie / mit Freunden, damit ...

Richtig schreiben

Das Komma in Relativsätzen

Kommas in Relativsätzen richtig setzen

- Ein **Relativsatz** bestimmt ein Nomen im Hauptsatz näher, z.B.:
  Das ist der Film, der mir gut gefallen hat.
- Das **Komma** setzt man vor das Relativpronomen. Bei **eingeschobenen Relativsätzen** steht ein Komma vor und eins hinter dem Relativsatz, z.B.:
  Der Film, der mir gut gefallen hat, läuft im Kino nebenan.
- Manchmal steht vor dem Relativpronomen eine **Präposition**, z.B.:
  Das ist der Film, in dem ein berühmter Schauspieler die Hauptrolle spielt.
  Dann wird das **Komma vor die Präposition** gesetzt.

INFO

Relativpronomen sind z.B.: *der/die/das, welcher, jener.* Sie können in verschiedenen Fällen stehen, z.B.: *der, den, dem, denen, dessen,* z.B.: *Das ist der Nachbar, der nebenan wohnt. Das ist der Nachbar, den ich im Treppenhaus gegrüßt habe.*

1 Unterstreiche im folgenden Text alle Relativsätze und umkreise die Relativpronomen. Markiere mit einem Pfeil, auf welches Nomen sich der Relativsatz bezieht.

Einzigartige Stimme

Ein Pinguin, der seine Partnerin wiederfindet, begrüßt sie stets lautstark. Pinguin-Kolonien, in denen die schwarz-weißen Antarktisbewohner leben, können aus bis zu einer Million Tiere bestehen. Die Tiere, die irgendwie alle gleich aussehen, können sich am besten an den unterschiedlichen Lauten erkennen.

2 Im folgenden Text fehlen die Kommas.
  a) Unterstreiche die Relativsätze und umkreise die Relativpronomen.
  b) Schreibe den Text ab und setze die fehlenden Kommas.

Delfine die sich schon aus 600 Metern Entfernung hören erkennen einen einmal gehörten Artgenossen an seinem Pfiff wieder. Die Begrüßung die eigentlich unter Delfinen üblich ist ist das Aneinanderreiben der Brustflossen. Schwertwalgruppen denen andere Artgenossen im Meer begegnen verharren erst einmal einige Sekunden lang. Das Ritual mit dem sich diese Meerestiere dann begrüßen ist recht ungewöhnlich. Sie umschwimmen sich im Kreis und toben anschließend ausgelassen miteinander herum.

3 Ergänze in den folgenden Sätzen fehlende Relativpronomen und – wenn nötig – Präpositionen. Ergänze alle fehlenden Kommas.

Leicht verständlich ist das Signal _____ Katzen ihre Besitzer begrüßen.

Sie schauen sie direkt an und spitzen die Ohren _____ gerade nach vorne gerichtet sind. Katzen _____ Artgenossen entgegenkommen schmiegen sich an.

Richtig schreiben

65

Teste dich selbst!
Mit Komma oder ohne?

/5 **1 a)** Lies den Text und setze die fehlenden Kommas.

Konnichiwa – Guten Tag!

Körperkontakt wird in Japan als etwas sehr Intimes angesehen deshalb begrüßen sich die Menschen nicht mit Umarmung oder Wangenkuss. Zur Begrüßung oder Verabschiedung gibt man sich auch nicht die Hand sondern man verbeugt sich voreinander. Die Hände liegen dabei auf den Oberschenkeln oder sie befinden sich leicht seitlich an den Oberschenkeln. Die Verbeugung ist ein Zeichen gegenseitiger Achtung und sie unterliegt strengen Regeln. Jüngere Menschen verbeugen sich gegenüber älteren Personen tiefer damit sie ihrem Respekt Ausdruck verleihen. Wenn ein Schüler einen Lehrer begrüßt muss er länger in der Verbeugung verharren. Ein direkter Blickkontakt wird vermieden da dieser von Japanern als unhöflich empfunden wird.

/7 **b)** Unterstreiche im Text alle Satzgefüge blau und alle Satzreihen rot.

/6 **2** Verbinde jeweils zwei Sätze so, dass ein Satz mit einem eingeschobenen oder nachgestellten Relativsatz entsteht. Setze die nötigen Kommas.

In arabischen Ländern wird bei der Begrüßung meist einmal auf die eine und dann auf die andere Wange geküsst. Die Begrüßung ist ganz anders als in Japan.

_____

_____

Ältere Menschen küsst man auf die Hand. Die Hand berührt man mit der Stirn.

_____

_____

Das Küssen auf die Hand ist ein Ritual. Dieses Ritual wird der traditionellen Verbeugung hinzugefügt.

_____

_____

Gesamt: /18

dass-Sätze bilden

Kommas in *dass*-Sätzen richtig setzen

Vor der Nebensatz-Konjunktion ***dass*** stehen häufig die Verben *sagen, wissen, glauben, hören, denken, finden, hoffen*, z. B.:
Er findet, ***dass*** *Computer zu einem modernen Unterricht dazugehören.*
Die Konjunktion *dass* leitet einen **Nebensatz** ein. Deshalb wird der *dass*-Satz durch ein **Komma** vom Rest des Satzgefüges abgetrennt.

TIPP

Wenn du dir nicht sicher bist, ob du *dass* oder *das* schreiben musst, dann prüfe: Kannst du *dieses* oder *welches* dafür einsetzen, dann schreibst du *das*. Ist dies nicht möglich, schreibst du *dass*.

1 In Norwegen brauchen einige Schülerinnen und Schüler vielleicht nie wieder einen Füller, Bleistift oder Kuli in die Hand zu nehmen. Schreiben erlernen sie von Anfang an am Computer.

a) Lies die Meinung der Schülerin. Setze die fehlenden Kommas.

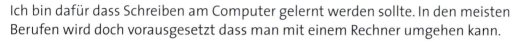

Ich bin dafür dass Schreiben am Computer gelernt werden sollte. In den meisten Berufen wird doch vorausgesetzt dass man mit einem Rechner umgehen kann.

b) Forme die folgenden Hauptsatz-Paare in Satzgefüge um. Verwende dabei die Konjunktion *dass* und setze nötige Kommas.

Ich denke: Ab der 5. Klasse sollten alle Hefteinträge und Hausaufgaben am Computer erledigt werden.

Ich denke, dass _____

_____

Es ist wichtig: Schreiben sollte man erst mit der Hand und dann am Computer lernen.

_____

_____

Man hört regelmäßig: Der Computer motiviert viele zum Schreiben.

_____

_____

Ich finde: Der Computer kann niemals eine persönliche Handschrift ersetzen.

_____

c) Wie lautet deine Meinung dazu? Schreibe Sätze in dein Heft. Stelle hierfür jeweils einen passenden Hauptsatz voran und beginne so:

Ich weiß / finde / glaube / meine, dass ... Man sieht / hört / merkt, dass ...

Richtig schreiben

67

2 a) Bilde mit den Wortgruppen und Sätzen der linken und der rechten Spalte sechs Satzgefüge, die mit der Konjunktion *dass* verbunden werden. Schreibe sie in dein Heft und setze die nötigen Kommas.

	Der Computer ist eines der beliebtesten Medien bei Jugendlichen.
es sollte bedacht werden	Der Computer erleichtert und beschleunigt Arbeitsprozesse.
hinzu kommt	
zu bedenken ist auch	Bei vielen Bewerbungsgesprächen spielt der sichere Umgang mit dem Computer eine große Rolle.
es darf nicht übersehen werden	
man weiß	
eine Rolle spielt die Tatsache	Vor zwanzig Jahren besaßen nur wenige Menschen einen Computer.
man muss betonen	
darüber hinaus sollte man bedenken	Noch immer gehören Computer in vielen Ländern nicht zum Alltag.
es ist bekannt	
	Durch Computer und Internet können sich Menschen weltweit vernetzen.

b) Prüfe in jedem Nebensatz die Stellung des Prädikats. Unterstreiche das Prädikat.

3 a) Lies den Text.

Der Computer wird 30

„Altair 8800" – so hieß der erste Personal Computer – kurz PC. Große Ähnlichkeit mit unseren heutigen Computern hatte er allerdings noch nicht. Die Käufer mussten ihn noch selbst zusammenbauen. Außerdem hatte der „Altair 8800" weder einen Bildschirm noch eine Tastatur. Damit war der
5 erste PC nur etwas für echte Tüftler. Trotzdem kostete er stolze 400 Dollar und das ohne jedes Betriebssystem. Immerhin war der Altair der erste Computer, der nicht so groß war wie ein Kleiderschrank. Den endgültigen Durchbruch brachte dann der erste PC im Jahr 1981. Zu dieser Zeit begann auch in den Kinderzimmern langsam eine neue Zeit. Der berühmte
10 Heimcomputer „Commodore 64" wurde 20 Millionen Mal verkauft.

b) Gib die unterstrichenen Sätze oder Satzteile mit Hilfe von *dass*-Sätzen wieder. Schreibe in dein Heft und setze nötige Kommas. Diese Satzanfänge helfen dir:

Es ist erstaunlich, dass … / Es ist bekannt, dass … / Man kann feststellen, dass …

Es ist erstaunlich, dass die Käufer …

Richtig schreiben

68

Teste dich selbst!

dass-Sätze bilden

1 Verbinde die Sätze aus der linken Spalte mit denen aus der rechten Spalte zu einem Satzgefüge. Verwende die Konjunktion *dass* und setze die nötigen Kommas.

/ 4

Viele denken.	Sie haben die richtigen Lottozahlen angekreuzt.
Einige vermuten.	Ohne Wasser wäre ein Leben auf der Erde nicht möglich.
Manche hoffen.	Der Mensch wird sich in Zukunft anders fortbewegen.
Man weiß.	Ein vierblättriges Kleeblatt bringt Glück.

2 Überarbeite die folgende Zeitungsmeldung. Verbinde dabei jeweils zwei aufeinanderfolgende Sätze zu einem Satzgefüge mit einem *dass*-Satz. Schreibe in dein Heft und setze die nötigen Kommas.

/ 8

Gar nicht so klein

Die Eltern des kleinen Jack Neal aus Großbritannien waren eines Tages sehr erstaunt. Ihr dreijähriger Sohn konnte offensichtlich mit dem Computer sehr gut umgehen. Sie waren verwundert. Sie erhielten plötzlich eine Kaufbestätigung über einen italienischen Kleinwagen in Rosa. Es überraschte viele Leute. Der kleine Junge hatte anscheinend beim Ersteigern im Internet die „Sofort-Kaufen"-Funktion aktiviert. Die Mutter ärgerte sich. Sie hatte den Computer für kurze Zeit unbeaufsichtigt gelassen. Die Eltern waren dann sehr zufrieden. Sie konnten den Kauf rückgängig machen.

Gesamt:

/ 12

Wörter ableiten

Die Ableitungsprobe

- Wenn du nicht sicher bist, wie ein Wort geschrieben wird (z. B. mit *e* oder *ä*, mit *eu* oder *äu*), dann suche ein verwandtes Wort, z. B.:
  gel**ä**hmt → l**a**hm, das Geb**äu**de → b**au**en
- Der **Wortstamm** wird bei allen Wörtern einer Wortfamilie gleich geschrieben, z. B.: be**wohn**en, **wohn**lich, die **Wohn**ung
- Das **Suffix** (die Nachsilbe) steht am Ende eines Wortes, hinter dem Wortstamm. Es kann auf die Wortart eines Wortes hinweisen, z. B.:
  Nomen: *-ung, -heit, -keit, -nis, -schaft, -tum*
  Adjektive: *-ig, -lich, -isch, -sam, -bar, -haft*

1 Begründe die Schreibung der folgenden Wörter.

	Schreibung abgeleitet von diesem Wort:
die Dächer gefährlich geträumt die Anhäufung die Verständigung unschätzbar	*die Dächer – das Dach*

2 *e* oder *ä*, *eu* oder *äu*? Fülle die Lücken aus.

Mona Lisa – r____selhaft und kurz verschwunden

Das Bild der Mona Lisa von Leonardo da Vinci gehört zu den großen R____tseln der Kunstgeschichte. Bis in die h____tige Zeit fragen sich Kunstkenner: Wer mag sie sein? Warum der verkl____rte Blick? Aber nicht nur das ____ßere Erscheinungsbild hat die Mona Lisa berühmt gemacht. 1911 gelang es einem R____ber, das Bild zu entwenden. Zwei Jahre danach musste er seine B____te wieder hergeben: Er wurde in Florenz gefasst. 1956 wurde die untere H____lfte des Bildes durch ein S____reattentat schwer besch____digt.

3 a) Bilde aus den folgenden Adjektiven mit Hilfe typischer Suffixe Nomen. Schreibe sie mit ihren Artikeln in dein Heft.

klug – reich – langsam – bitter – schön – finster – dunkel - faul

b) Bilde aus den folgenden Nomen mit Hilfe typischer Suffixe Adjektive. Schreibe sie in dein Heft.

die Sonne – die Pflanze – der Wind – das Eis – der Sport – die Kraft

Wörter verlängern

> **Die Verlängerungsprobe**
>
> Am Wortende (im Auslaut) klingen *d–t*, *b–p* und *g–k* gleich. Wenn man Wörter mit diesen Lauten am Ende **verlängert** und deutlich spricht, hört man, welchen Buchstaben man schreiben muss, z. B.:
> der Hun**d** – die Hun**d**e, das Zel**t** – die Zel**t**e, tau**b** – tau**b**e, plum**p** – plum**p**e, die Bur**g** – Bur**g**en, der Dan**k** – dan**k**en

INFO

So werden die Wortarten verlängert:
Bei **Nomen** bildet man den **Plural**, z. B.:
das Land – die Länder.
Bei **Verben** bildet man den **Infinitiv**, z. B.:
lebt – leben.
Adjektive steigert man oder verwendet sie mit einem Nomen, z. B.:
rund – runder, ein runder Ball.

1 Lies die Lückenwörter im folgenden Text deutlich vor. Welchen Buchstaben musst du einsetzen? *d* oder *t*, *b* oder *p*, *g* oder *k*?
Schreibe die gesuchten Buchstaben in die Lücken.

Verhüll__, verpack__, verschwunden

Christo und Jeanne-Claude sind als berühmtestes Künstlerehepaar der Gegenwar__ weltwei__ bekann__. Ihre Spezialitä__: einen Gegenstan__ oder ein Gebäude einzupacken. Nach langer Vorbereitun__ und einer hitzi__ geführten Debatte im ganzen Lan__ konnten Christo und Jeanne-Claude im Juni 1995 endlich den Berliner Reichsta__ verhüllen. Insgesam__ hatte es 23 Jahre gedauer__, bis dieses Projek__ endlich Gestal__ annahm. Über fünf Millionen Besucher sahen sich das Kunstwer__ an.

2 a) Bilde aus den Nomen mit Hilfe der Suffixe *-ig* oder *-lich* verwandte Adjektive.

> *das Jahr – der Nutzen – die Last – der Witz – der Schaden – der Geiz – der König*

Adjektive mit *-ig*: _____

Adjektive mit *-lich*: _____

INFO

Das Suffix *-ig* am Wortende wird oft wie *-ich* ausgesprochen, z. B.:
lustig ("lustich").
Die Verlängerungsprobe kann helfen, die richtige Schreibweise zu finden, z. B.:
das lustige Kind.

b) Verwende jedes Adjektiv zusammen mit einem Nomen und schreibe die Kombination in dein Heft.

das Jahr – jährlich, die jährliche Abrechnung

3 Streiche bei den folgenden Verbformen die falsche Form durch.

> gibt? / gipt?   bewegt? / bewekt?   stinkt? / stingt?   lept? / lebt?   frakt? / fragt?
>
> lenkt? / lengt?   fängt? / fänkt?   winkt? / wingt?   schwinkt? / schwingt?

Richtig schreiben

Nomen erkennen

INFO
Begleitwörter für Nomen können sein: Artikel, Adjektive, Mengenangaben, Possessivpronomen, Demonstrativpronomen, z.B.: *die/eine/gute/meine/diese Idee*

Manche Nomen haben „versteckte" Artikel (*am* = *an dem*) oder brauchen einen gedachten Artikel (*Er liebt (die) Popmusik*).

Die Artikel- oder Pluralprobe

- Wörter, vor die man einen **Artikel** oder ein anderes Begleitwort setzen kann oder zu denen man den Plural (Mehrzahl) bilden kann, werden **großgeschrieben**. Es sind **Nomen**, z.B.:
  Das machte wirklich Spaß. → *der/ein/großer Spaß, die Späße* (= Nomen)
- **Nominalisierte** Verben und Adjektive werden **großgeschrieben**. Oft erkennt man Nominalisierungen an einem Begleitwort, z.B.:
  das Reiten, alles Schöne

1 a) Prüfe, welche der folgenden Wörter Nomen sind. Unterstreiche sie und umkreise die Begleitwörter.

Beim spielen bekam er vom schiedsrichter die rote karte.

Seine gegenspieler beschwerten sich beim trainer.

Er entschuldigte sich für sein unfaires verhalten.

Diese entschuldigung wurde von seinem publikum begrüßt.

b) Schreibe die Sätze in der richtigen Groß- und Kleinschreibung auf.

_____

_____

_____

_____

2 a) Unterstreiche im folgenden Text die Nominalisierungen rot und die Nomen blau.

b) Umkreise die Begleitwörter.

DAS INTERESSANTE BEIM SPORTFEST WAREN DIE LAUFWETTBEWERBE. BEIM LAUFEN ERREICHTE BEN EINEN NEUEN SCHULREKORD. NUR BEIM FUßBALL GESCHAH ETWAS SELTSAMES. ALLEIN DER WIND VOLLBRACHTE DAS ERSTAUNLICHE UND TRIEB DEN BALL INS TOR. FÜR DIE KLASSE 7A WAR DAS ERGEBNIS ZUM HEULEN. ABER DAS JUBELN DER GEWINNER WAR BIS ZUR STRAßE ZU HÖREN. SO VIEL ERFREULICHES HATTEN SIE NICHT ERHOFFT.

c) Schreibe den Text in der richtigen Groß- und Kleinschreibung in dein Heft.

Teste dich selbst!
Rechtschreibstrategien

1 Der folgende Text enthält acht Rechtschreibfehler.

   a) Unterstreiche die fehlerhaften Wörter.   /8

   b) Schreibe die Korrektur neben den Text an den Rand.   /8

Sporttaschen – ein Heim für Tiere

In einem englischen Zoo erging es einem Kängurubaby wie dem kleinen eisbären Knut. Es wurde von seiner Mutter verstoßen. Statt im Beutel der Mutter wechst Billy nun in der Sporttasche der Zoodirektorin auf. Denn die hat das kleine Känguru kurzerhant adoptiert. Seither träkt sie die Sporttasche samt Tierkint so oft wie möglich am Körper, um ein sicheres aufwachsen zu garantieren. Billy darf sogar bei ihr schlafen. Ein halbes Jahr lang wird es dauern, bis das Känguru groß genug ist, um alleine klarzu-kommen. Einer rückkehr in den Zoo steht dann nichts mehr im wege.

2 a) Wähle drei unterschiedliche Fehlerwörter aus und schreibe sie in korrigierter Form in die Tabelle.   /3

   b) Nenne die Rechtschreibstrategie, die dir geholfen hat, den Fehler zu berichtigen. Verdeutliche dies durch ein Wortbeispiel.   /3

korrigiertes Wort	Rechtschreibstrategie und Beispiel

Gesamt: /22

Teste dein Wissen!

Lernstandstest

1 Lies die folgende Erzählung, die du im Anschluss zusammenfassen sollst.

Paul Maar

Der Mann, der nie zu spät kam

Ich will von einem Mann erzählen, der immer sehr pünktlich war. Er hieß Wilfried Kalk und war noch nie in seinem Leben zu spät gekommen. Nie zu spät in den Kindergarten, nie zu spät zur Schule, nie zu spät zur Arbeit, nie zu spät zum Zug. Der Mann war sehr stolz darauf.

5 Schon als Kind war Wilfried regelmäßig eine halbe Stunde vor dem Weckerklingeln aufgewacht. Wenn seine Mutter hereinkam, um ihn zu wecken, saß er angezogen in seinem Zimmer und sagte: „Guten Morgen, Mama. Wir müssen uns beeilen."
Jeden Werktag, wenn der Hausmeister in der Frühe gähnend über den

10 Schulhof schlurfte, um das große Schultor aufzuschließen, stand Wilfried bereits davor.
Andere Kinder spielten nach der Schule Fußball und schauten sich auf dem Heimweg die Schaufenster an. Das tat Wilfried nie. Er rannte sofort nach Hause, um nicht zu spät zum Essen zu kommen.

15 Später arbeitete Wilfried in einem großen Büro in der Nachbarstadt. Er musste mit dem Zug zur Arbeit fahren. Trotzdem kam er nie zu spät. Er nahm den frühesten Zug und stand immer zwanzig Minuten vor der Abfahrt auf dem richtigen Bahnsteig.
Kein Arbeitskollege konnte sich erinnern, dass er jemals ins Büro

20 gekommen wäre und Wilfried Kalk nicht an seinem Schreibtisch gesessen hätte. Der Chef stellt ihn gern als gutes Beispiel hin.
„Die Pünktlichkeit von Herrn Kalk, die lobe ich mir", sagte er. „Da könnte sich mancher hier eine Scheibe abschneiden."
Deswegen sagten die Arbeitskollegen oft zu Wilfried: „Könntest du nicht

25 wenigstens einmal zu spät kommen? Nur ein einziges Mal?"
Aber Wilfried schüttelte den Kopf und sagte: „Ich sehe nicht ein, welchen Vorteil es bringen soll, zu spät zu kommen. Ich bin mein ganzes Leben lang pünktlich gewesen."
Wilfried verabredete sich nie mit anderen und ging nie zu einer

30 Versammlung. „Das alles sind Gelegenheiten, bei denen man zu spät kommen könnte", erklärte er. „Und Gefahren soll man meiden."
Einmal glaubte ein Arbeitskollege, er habe Wilfried bei einer Unpünktlichkeit ertappt. Er saß im Kino und schaute sich die Sieben-Uhr-Vorstellung an. Da kam Wilfried während des Films herein und tastete sich im Dunkeln durch

35 die Reihe.
„Hallo, Wilfried! Du kommst ja zu spät", sagte der Arbeitskollege verwundert. Aber Wilfried schüttelte unwillig den Kopf und sagte: „Unsinn! Ich bin nur etwas früher gekommen, um rechtzeitig zur Neun-Uhr-Vorstellung hier zu sein."

Ins Kino ging Wilfried sowieso sehr selten. Lieber saß er zu Hause im Sessel und studierte den Fahrplan. Er kannte nicht nur alle Ankunfts- und Abfahrtszeiten auswendig, sondern auch die Nummer der Züge und den richtigen Bahnsteig.

Als Wilfried fünfundzwanzig Jahre lang nie zu spät zur Arbeit gekommen war, veranstaltete der Chef ihm zu Ehren nach Dienstschluss eine Feier. Er öffnete eine Flasche Sekt und überreichte Wilfried eine Urkunde. Es war das erste Mal, dass Wilfried Alkohol trank. Schon nach einem Glas begann er zu singen. Nach dem zweiten Glas fing er an zu schwanken, und als der Chef ihm ein drittes Glas eingegossen hatte, mussten zwei Arbeitskollegen den völlig betrunkenen Wilfried heim- und ins Bett bringen.

Am nächsten Morgen wachte er nicht wie üblich eine halbe Stunde vor dem Weckerklingeln auf. Als der Wecker längst geläutet hatte, schlief er immer noch tief. Er erwachte erst, als ihm die Sonne ins Gesicht schien.

Entsetzt sprang er aus dem Bett, hastete zum Bahnhof. Die Bahnhofsuhr zeigte 9 Uhr 15. Viertel nach neun, und er saß noch nicht hinter seinem Schreibtisch! Was würden die Kollegen sagen? Was der Chef! „Herr Kalk, Sie kommen zu spät, nachdem wir Ihnen erst gestern eine Urkunde überreicht haben?!"

Kopflos rannte er den Bahnsteig entlang. In seiner Hast stolperte er über einen abgestellten Koffer, kam zu nahe an die Bahnsteigkante, trat ins Leere und stürzte hinunter auf die Schienen.

Noch während des Sturzes wusste er: Alles ist aus. Dies ist der Bahnsteig vier, folglich fährt hier in diesem Augenblick der 9-Uhr-16-Zug ein, Zugnummer 1072, planmäßige Weiterfahrt 9 Uhr 21. Ich bin tot!

Er wartete eine Weile, aber nichts geschah. Und da er offensichtlich immer noch lebte, stand er verdattert auf, kletterte auf den Bahnsteig zurück und suchte einen Bahnbeamten.

Als er ihn gefunden hatte, fragte er atemlos: „Der 9-Uhr-16! Was ist mit dem 9-Uhr-16-Zug?"

„Der hat sieben Minuten Verspätung", sagte der Beamte im Vorbeigehen.

„Verspätung", wiederholte Wilfried und nickte begreifend.

An diesem Tag ging Wilfried überhaupt nicht ins Büro. Am nächsten Morgen kam er erst um zehn Uhr und am übernächsten um halb zwölf.

„Sind Sie krank, Herr Kalk?", fragte der Chef erstaunt.

„Nein", sagte Wilfried. „Ich habe inzwischen nur festgestellt, dass Verspätungen manchmal recht nützlich sein können."

/ 2

2 Wovon handelt die Erzählung? Lies die folgenden Formulierungen und kreuze die an, die du für zutreffend hältst.

☐ Wilfried Kalk ist sein ganzes Leben lang pünktlich, bis er eines Tages den Alkohol entdeckt und zum unpünktlichen Menschen wird.

☐ Wilfried Kalk ist sein ganzes Leben lang pünktlich, bis er durch ein folgenreiches Ereignis lernt, dass Unpünktlichkeit manchmal lebensrettend sein kann. Von diesem Tag an wird Kalk zu einem unpünktlichen Menschen.

☐ Der Held der Erzählung, Wilfried Kalk, ist ein pünktlicher Mensch. Er kommt nie zu spät, bis er eines Tages erkennt, welcher Gefahr er sich dadurch aussetzt. Von diesem Tag an ist Kalk unpünktlich.

/ 6

3 Der Text lässt sich in folgende drei Abschnitte gliedern:
Abschnitt I: Z. 1 bis 43
Abschnitt II: Z. 44 bis 71
Abschnitt III: Z. 72 bis 76
Schreibe zu jedem Abschnitt eine passende Überschrift auf.

Abschnitt I: _____

Abschnitt II: _____

Abschnitt III: _____

/ 5

4 a) Formuliere eine Einleitung für deine Zusammenfassung. Beginne so:

Die Erzählung „Der Mann, der nie zu spät kam" von Paul Maar handelt von

_____

_____

_____

_____

b) Lies den Anfang des Hauptteils, mit dem deine Zusammenfassung beginnen könnte.

Wilfried Kalks Eigenschaft, nie zu spät zu kommen, entwickelt sich bereits im Kindergartenalter und zieht sich durch seine ganze Schulzeit und sein Berufsleben. Er hat eine Abneigung gegen alle möglichen Anlässe, zu denen man zu spät kommen kann, wie z. B. Verabredungen und Versammlungen. Dafür hat er eine Leidenschaft für Fahrpläne, die er mit Vergnügen auswendig lernt.
Eines Tages …

c) Schreibe den Hauptteil zu Ende. Verwende ein Extrablatt, falls du mehr Platz brauchst.

/ 10

_____

_____

_____

_____

_____

_____

_____

_____

_____

d) Im Schlussteil nimmst du persönlich Stellung zum Text. Die folgenden Notizen enthalten Stichpunkte zum Schlussteil. Formuliere aus der Notiz, die deine Meinung zum Text am treffendsten wiedergibt, einen Schlussteil für deine Zusammenfassung in zwei bis drei Sätzen.

/ 5

– Erzählung unterhaltsam
– Kalk immer Angst vor Zuspätkommen,
  aber Verspätung rettet Leben → humorvoll

- Schluss überraschend
- Kalk krempelt komplett Leben um
- sieht ein: Pünktlichkeit nicht alles im Leben

– stimmt nachdenklich
– Regeln (z. B. Pünktlichkeit) eigentlich gut
– stur Regel folgen Unsinn, lieber selber mitdenken

_____

_____

_____

_____

Lernstandstest

5 a) Lies den Textausschnitt.

Später arbeitete Wilfried in einem großen Büro in der Nachbarstadt. (Subjekt und Prädikat) Er musste mit dem Zug zur Arbeit fahren. (adverbiale Bestimmung der Art und Weise) Trotzdem kam er nie zu spät. Er nahm den frühesten Zug und stand immer zwanzig Minuten vor der Abfahrt auf dem richtigen Bahnsteig. (Akkusativ-Objekt und adverbiale Bestimmungen des Ortes und der Zeit)

/ 3

b) Unterstreiche in jedem Satz die Satzteile, die in Klammern genannt werden.

6 a) Lies auch diesen Textausschnitt und untersuche, wie die Sätze gebaut sind.

Als Wilfried fünfundzwanzig Jahre lang nie zu spät zur Arbeit gekommen war, veranstaltete der Chef ihm zu Ehren nach Dienstschluss eine Feier. (1) Er öffnete eine Flasche Sekt und überreichte Wilfried eine Urkunde. (2) Es war das erste Mal, dass Wilfried Alkohol trank. (3) Schon nach einem Glas begann er zu singen. (4) Nach dem zweiten Glas fing er an zu schwanken. (5) Als der Chef ihm ein drittes Glas eingegossen hatte, mussten zwei Arbeitskollegen den völlig betrunkenen Wilfried heim- und ins Bett bringen. (6)

/ 6

b) Bei welchen der Sätze handelt es sich um einfache Hauptsätze und bei welchen um Satzgefüge? Trage die Nummern an der richtigen Stelle ein.

Hauptsatz: _____   Satzgefüge: _____

/ 3

c) Unterstreiche in allen Satzgefügen den Nebensatz und umkreise die Konjunktion.

/ 4

7 *Weil* oder *obwohl*? Verbinde jeweils zwei aufeinanderfolgende Hauptsätze zu einem Satzgefüge.

Der Chef stellte Kalk gern als gutes Beispiel hin. Kalk war die Pünktlichkeit in Person. Normalerweise lehnte Kalk Alkohol ab. Auf der Feier mit seinen Kollegen trank er gleich drei Gläser Sekt. Normalerweise war Kalk schon eine halbe Stunde vor dem Weckerklingeln wach. Am Tag nach der Feier verschlief er. Der 9:16-Uhr-Zug hatte sieben Minuten Verspätung. Kalk wurde nicht vom Zug überfahren.

_____

_____

_____

_____

8 a) Unterstreiche im folgenden Text alle Nomen blau und alle Nominalisierungen rot. Umkreise auch die Begleitwörter der Nomen und Nominalisierungen. /9

DAS MERKWÜRDIGE AN KALK WAR SEINE ÜBERTRIEBENE PÜNKTLICHKEIT. NICHT NUR KANNTE ER ALLE ANKUNFTS- UND ABFAHRTSZEITEN DER ZÜGE, SONDERN ER VERBRACHTE GANZE ABENDE MIT DEM LESEN UND AUSWENDIGLERNEN VON FAHRPLÄNEN. EINES TAGES GESCHAH ETWAS SELTSAMES UND KALK HÖRTE PLÖTZLICH MIT DEM PÜNKTLICHSEIN AUF.

b) Schreibe den Text in der richtigen Groß- und Kleinschreibung ab. /3

_____

_____

_____

_____

_____

_____

9 Fülle die Lücken in den folgenden Wörtern aus.

a) *eu* oder *äu*? Entscheide mit Hilfe der Ableitungsprobe. /5

die F____chtigkeit, aufr____men, der L____chter, bed____ten, s____bern,

anf____ern, n____nzig, sch____men, s____erlich, die Fr____ndlichkeit

b) *t* oder *d*? Entscheide mit Hilfe der Verlängerungsprobe. /4

die Blin____schleiche, der Blu____egel, der Drah____esel, das Er____männchen,

das Fel____huhn, die Lan____ratte, das Rin____vieh, der Schwer____fisch

10 *g* oder *k*? In den folgenden Überschriften sind vier Fehler versteckt. Suche und umkreise sie. /4

Kalks Pünktlichkeit schläkt jeden!   Mergwürdiger Zwang zur Pünktlichkeit

Krankhafte Pünktlichkeit   Ein dengwürdiges Ereignis

Mann entgeht Zukunglück!   Erkenntnis auf der Bahnsteigkante

Kalk wagt Neubeginn   Werktags nie mehr pünktlich!

Gesamt: /64

Textquellenverzeichnis

S. 4f. Ziegler, Reinhold: Der Mann auf dem Berg. Aus: Der Straßengeher. Gulliver Taschenbuch 850, © 2001 Beltz Verlag, Weinheim und Basel
S. 8f. Hohler, Franz: Der alte Mann. Aus: Der Granitblock im Kino. Luchterhand Verlag, Darmstadt 1981
S. 21f. © Michael Kindt: Die Reise der Kartoffel. Aus: www.esskultur.net/lm/kartoffeln.html vom 21.12.2003
S. 24 ebenda
S. 25 Kartoffelland Deutschland (Auszug). Aus: Statistische Ämter des Bundes und der Länder. www.statistik-portal.de/Statistik-Portal/de_jb11_jahrtab21.asp vom 22.5.2009
S. 26f. Tolle Knolle/Inhaltsstoffe/Ernährungswissenschaftliche Bedeutung. Aus: Ministerium für Ernährung und Ländlichen Raum, Baden-Württemberg (MLR), Kernerplatz 10, 70182 Stuttgart http://www.landwirtschaft-mlr.baden-wuerttemberg.de/servlet/PB/show/1207036/Kartoffel%20-%20was%20ist%20drin.pdf vom 22.5.2009
S. 28f. Goethe, Johann Wolfgang v.: Erlkönig. Aus: Deutsche Balladen, reclam 8501, Stuttgart 1967, S. 84/85
S. 31 Uhland, Ludwig: Die Rache. Aus: Deutsche Balladen, reclam 8501, Stuttgart 1967, S. 178/179
S. 34 Süße Überraschung (gekürzt). Nach: Wissen macht Ah! Verlag: Konradin Medien GmbH, Leinfelden-Echterdingen, 01/2008, S. 36
S. 38 Durch die Hitze des Tages (gekürzt). Nach: Geolino extra, Nr. 15 (Sport), Verlag Gruner + Jahr, Hamburg 2008, S. 30
S. 39 König der Lüfte (gekürzt). Nach: Geolino extra, Nr. 15 (Sport), Verlag Gruner + Jahr, Hamburg 2008, S. 29
S. 40 Vom Winde verweht. Nach: www.abendblatt.de Aus der Rubrik: Aus aller Welt. Axel-Springer-Verlag, Berlin vom 28.05.2008
S. 42 ff. Machen Tiere Urlaub?/Warum hat ein Zebra Streifen?/Können Tiere lachen? Nach: Wiesner, Henning: Müssen Tiere Zähne putzen? ... und andere Fragen an einen Zoodirektor. Carl Hanser Verlag, München und Wien 2005
S. 45 Tierisch clever (gekürzt). Nach: Geolino 02/2009, Verlag Gruner + Jahr, Hamburg 2008, S. 31
S. 46 Allein im weiten Flur. Nach: Busch, Stephanie/Noller, Ulrich: Das Haus-Buch. Hier wohnt das Wissen der Welt. Bloomsbury Verlag, Berlin 2007, S. 12
S. 47 Der schwarze Peter, ein echter Räuber. Nach: Ebenda.
S. 48 Wo Tanzen Erleuchtung bringt. Nach: Geolino extra, Nr. 21 (Energie), Verlag Gruner + Jahr, Hamburg 2009, S. 24
S. 51 Warum ist Schnee weiß? Nach: Schulz, Börnie/Scheifinger, Anja: http://www.br-online.de/kinder/fragen-verstehen/wissen/2006/01261/
S. 52 Warum sind Autoreifen schwarz? Nach: Wissen macht Ah! Konradin Medien GmbH, Leinfelden-Echterdingen, 03/ 2008, S. 5
S. 53 Warum ist der rote Teppich rot? Nach: Wissen macht Ah! Konradin Medien GmbH, Leinfelden-Echterdingen, 10/2008, S. 6
S. 57 Schule auf dem Meeresgrund. Nach: Schmeling, Inka: Eine Schule auf dem Meeresgrund. Aus: http://www.geo.de/GEOlino/mensch/berufe/1342.html
S. 62 Teenager entdeckt Himmelskörper. Aus: http://www.geo.de/GEOlino/nachrichten/4368.html
S. 65 Einzigartige Stimme/Delfine. Nach: Busch, Stephanie/Noller, Ulrich: Das Haus-Buch. Hier wohnt das Wissen der Welt. Bloomsbury Verlag, Berlin 2007, S. 14
S. 68 Der Computer wird 30. Nach: http://www.geo.de/GEOlino/nachrichten/3314.html
S. 69 Gar nicht so klein. Nach: http://www.geo.de/GEOlino/nachrichten/51510.html
S. 70 Mona Lisa – rätselhaft und kurz verschwunden. Nach: Weißenborn, Sabine. Aus: www.wasistwas.de/sport-kultur/alle-artikel/artikel/link//86b3dd2db3/article/mona-lisa-eine-raetselhafte-dame.html
S. 71 Verhüllt, verpackt, verschwunden. Nach: Busch, Stephanie/Noller, Ulrich: Das Haus-Buch. Hier wohnt das Wissen der Welt. Bloomsbury Verlag, Berlin 2007, S. 213
S. 73 Sporttaschen – ein Heim für Tiere. Nach: http://www.geo.de/GEOlino/nachrichten/53089.html
S. 74f. Maar, Paul: Der Mann, der nie zu spät kam. Aus: Maar, Paul: Der Tag, an dem Tante Marga verschwand und andere Geschichten © Oetinger Verlag, 1986, S. 83–88

Wir danken den Rechteinhabern für die Abdruckgenehmigung. Da es uns leider nicht möglich war, alle Rechteinhaber zu ermitteln, bitten wir, sich gegebenenfalls an den Verlag zu wenden.

Bildquellenverzeichnis

Titelfotos: Thomas Schulz, Teupitz
S. 21: © OKAPIA, Frankfurt am Main

Redaktion: Christina Nier, Kristina Weidemann

Bildrecherche: Angelika Wagener

Illustration: Christiane Grauert, Milwaukee

Umschlaggestaltung: Visuelle Gestaltung Katrin Pfeil, Mainz

Layout und technische Umsetzung: Annika Preyhs für Buchgestaltung +, Berlin

www.cornelsen.de

www.oldenbourg-bsv.de

Die Internet-Adressen und -Dateien, die in diesem Lehrwerk angegeben sind, wurden vor Drucklegung geprüft. Der Verlag übernimmt keine Gewähr für die Aktualität und den Inhalt dieser Adressen und Dateien oder solcher, die mit ihnen verlinkt sind.

1. Auflage, 1. Druck 2010

Alle Drucke dieser Auflage sind inhaltlich unverändert und können im Unterricht nebeneinander verwendet werden.

© 2010 Cornelsen Verlag, Berlin;
Oldenbourg Schulbuchverlag GmbH, München, Düsseldorf, Stuttgart

Das Werk und seine Teile sind urheberrechtlich geschützt. Jede Nutzung in anderen als den gesetzlich zugelassenen Fällen bedarf der vorherigen schriftlichen Einwilligung des Verlages. Hinweis zu den §§ 46, 52 a UrhG: Weder das Werk noch seine Teile dürfen ohne eine solche Einwilligung eingescannt und in ein Netzwerk eingestellt oder sonst öffentlich zugänglich gemacht werden. Dies gilt auch für Intranets von Schulen und sonstigen Bildungseinrichtungen.

Druck: Himmer AG, Augsburg

ISBN 978-3-06-061809-5

 Inhalt gedruckt auf säurefreiem Papier aus nachhaltiger Forstwirtschaft.